마니교

MICHEL TARDIEU
LE MANICHÉISME

Copyright © 1981 Presses Universitaires de France
6, avenue Reille 75685 Paris Cedex 14
All rights reserved

Translated with notes by Andreas Su-Min RI
Korean translation copyright © 2005 Benedict Press, Waegwan, Korea
Korean translation edition is published by arrangement with
Presses Universitaires de France
Paris, France

마니교

2005년 11월 초판 | 2006년 10월 재쇄
옮겨엮은이 · 이수민 | 펴낸이 · 이형우
ⓒ 분도출판사
등록 · 1962년 5월 7일 라15호
718-806 경북 칠곡군 왜관읍 왜관리 134의 1
왜관 본사 · 전화 054-970-2400 · 팩스 054-971-0179
서울 지사 · 전화 02-2266-3605 · 팩스 02-2271-3605
www.bundobook.co.kr
ISBN 89-419-0515-X 93230
값 9,000원

이 책의 한국어판 저작권은
Presses Universitaires de France와 독점 계약한 분도출판사에 있습니다.
저작권법에 의해 한국 내에서 보호를 받는 저작물이므로
무단 전재와 무단 복제를 금합니다.

미셸 따르디외
마니교
한님성서연구소
이수민 편역

분도출판사

옮긴이의 글

『마니교』摩尼敎는 프랑스 대학생들을 위한 개론서로 출판되었다. 이 책의 특징은 마니 사상과 유다-그리스도교와의 밀접한 연관성을 밝히고 중세 아랍 작가들의 증언들을 긍정적으로 평가한 점이다. 전문가들은 저자의 정확한 표현, 세심한 관찰과 독창적 분석 방법을 두고 칭찬을 아끼지 않는다.

20세기에 이집트에서 발견된 마니교 필사본들은 영지주의 필사본들과 마찬가지로 콥트어로 씌어진 방대한 단행본들(『시편』, 『케팔라이아』, 『강론집』)로, 중앙 아시아 투르판吐魯蕃과 툰황燉煌에서 발견된 필사본 단편들보다 당연히 더 귀중하게 여겨진다. 앞으로 이집트에서 발견된 마니교 필사본이 우리말로 번역될 것을 기대하면서 이 책을 마니교의 개론서로 내놓는다.

역자가 마니교를 공부하기 시작한 것은 1986년, 저자 미셸 따르디외 교수가 나에게 시리아 교부 문헌에 나타나는 마니교의 역사·지리·교리에 관한 증거들을 발췌할 과제를 맡기면서부터다. 마니 자신이 시리아어(아람어)를 사용한 유다-그리스도교 엘카사이 공동체에서 성장했고, 마니가 쓴 아홉 권의 저서 중 한 권만 펠비어(중페르시아어)로 씌어지고 나머지는 시리아어로 씌어졌으므로, 시리아 교부들이 마니의 저서를 제일 잘 알고 있었을 것으로 추측할 수 있다. 역자는 앞으로 시리아 교부들, 나아가 동방 그리스도교 교부들의 시조인 마르 에프렘(306년경~373년)이 저술한 『반이단 성시』와 『반마니교서』를 비교·분석하기 전에 마니와 마르 에프렘의 흡사한 수도修道 이념을 비교할 것이다. 같은 시기(373~383)에 서방 그리스도교 전통의 시조라고 볼 수 있는 아우구스티누스 성인이 마니교 "방청인"으로 몸담았던 사실도, 20세기에 마니교 원천 문헌들이 발견된 이후로 전문가들이 새롭게 관심을 모으는 분야다.

20세기 전문가들의 연구 결과에 따르면, 마니교는 동방 영지주의에 접목된 종교다. 마니교는 오로지 영혼의 구원만을 위하여 완전한 종교 체계를 세워, 동서로 이집트·아프리카·중앙 아시아까지 전파되었다. 중국에서 동방 그리스도교의 네스토리우스파(경교景敎)가 자취를 감춘 지 오랜 뒤에도, 마니교가 17세기 초까지 성행한 사실은 전 세계 학자들을 놀라게 하며, 중국 학자들의 마니교에 대한 연구 열의를 북돋우고 있다. 지금 진행 중인 연구 현황에 따르면, 마니교인들이 도교와 불교도들과 사찰에서 공동생활을 하며 마니교 서적들을 중국어로 번역하는 것은 물론, 도교와 불교 이론에 새로운 활기를 불어넣었다고 한다(『말씀터』 25호 참조). 마니교가 이슬람 창설에 기여한 바는 이 소책자에서도 읽을 수 있을 것이다.

마니교가 역자의 그리스도교 신앙에 감명을 준 이유는, 마니교인들도 영지주의자들과 같이 참다운 그리스도인으로 자처했고, 이란에서는 그리스도인들과 함께 가혹한 박해를 받은 사실이다. 그리스도교는 로마 제국 내에, 배화교는 이란 제국 내에, 불교는 인도 세계에 머물고 있음을 목격하고, 마니는 그리스도가 명한 대로(!) 온 땅에 복음을 전할 완전한 체계를 세웠다고 주장한다. 그들은 오로지 영적 구원을 성취하기 위해 교리에 부합된 실천적 체계를 조직하고, 극단적인 극기와 고행을 감행하면서 많은 종교인과 권력자들에게 감명을 주고는 세상에서 사라진 것이다.

20세기 중엽까지는 마니교의 역사적 흔적과 교리에 대한 '간접 원천 문헌'들로 교부들과 적대자들의 반박서反駁書가 유일했다. 그 반박서들은 3세기에서 15세기까지 씌어진 그리스어, 라틴어, 시리아어, 아랍어, 페르시아어, 아르메니아어, 중국어의 무수한 문헌에서 찾아볼 수 있다. 그러나 20세기 초부터 현재까지 '직접 원천 문헌'들이 필사본으로 발견되면서 마니교에 대한 역사적·지리적·교리적·영적 측면을 재평가할 수 있게 되었다. 20세기에 알려진 마니교 필사본들은 중국의 투르판과 툰황에서 발견된 필사본, 이집트 파윰에서 발견된 콥트어 필사본, 퀼른 대학에 소장된 그리스어 마니교 필사본, 최근 이집트 켈리스에서 발견된 필사본들이다. 오늘날 마니교에 대한 연구는 마니교인들의 손으로 씌어진 문헌들을 토대로, 메소포타미아·이집트·이란·그리스·아시아(인도, 중국)적 요소들에 대한 세밀한 분석이 이루어지고 있다.

시리아 세계에서 시작한 마니교가 그리스도교·배화교·불교·도교 사상들에 접목되어 오랫동안 번성하였다는 새로운 연구들은 오늘날의 모든 전문가들을 놀라게 한다. 가령, 토마 사도가 메소포타미아와 인도에 복음을 전했다는 그리스도교 전승에서, 토마라는 이름이 '쌍둥이'를 뜻하니 마니 자신이 예수의 '쌍둥이'(토마)라고 주장하며 파라클레토스(요한 14,26)라고 자처한 사실과, 마니교 신자들이 마니를 "붓다의 빛", "광불"光佛이라 부르고 모든 불교 교리에 '빛'의 역할을 더함으로써 불자佛子들에게 새로운 빛을 던져 주었다는 사실이 대표적인 예다. 그리고 도교 전설은, 서방에서 사라졌다는 노자老子가 마니로 윤회하여 동방에서 환생했다고 주장하였으니, 아무도 이를 부정할 논증을 발견할 수 없었다. 마니교인들이 동부 시리아 그리스도교·불교·도교인들과 공생하면서 교리의 새로운 발전을 조장한 것이다. 선불교禪佛敎의 창설도 이와 때를 같이한다. 오늘날 무수한 연구 분야들 가운데, '마니교와 예수', 또는 '마니교와 그리스도론'이라는 명제가 중요한 위치를 차지하고, 근래에는 '아우구스티누스와 마니교'에 대한 학술 발표회도 거듭되고 있다.

  책이 출간되기까지 물심양면으로 후원해 주신 한님성서연구소 조병우 이사장님, 면밀히 마지막 교정을 도와주신 소장 정태현 신부님, 격려를 아끼지 않으신 분도출판사 사장 선지훈 신부님, 우리말 표현을 여러 번 교정해 주신 한님성서연구소 연구원 강지숙 선생님, 그리고 컴퓨터의 기술적 보완에 애써 주신 한택종 선생님께 진심으로 감사를 드린다. 끝으로 프랑스와 한국에서 이 작업을 성원하고 고되게 희생하신 나의 가족·친지들에게 정성 어린 사의를 표하는 바이다.

2005년 6월, 의정부에서
이수민

마니교와 뉴에이지 운동

정태현 신부

영지주의와 뉴에이지와의 관계는 『영지주의자들』(분도출판사 2005)의 「영지주의와 뉴에이지 운동」에서 밝힌 바 있다. 여기서는 마니교가 뉴에이지 운동과 공유하는 유사점들을 살펴보겠다. 마니교의 실체가 서방 교회에 알려진 것은 주로, 10여 년간(373~383) 그곳에서 방청인으로 몸담고 있다가 빠져나온 아우구스티누스 성인의 반마니교 논박서 8편을 통해서였다. 그 밖에도 그리스 교부 테오도레투스, 세베루스, 시리아 교부 에프렘 성인 등이 마니교의 교리와 실천에 관한 간접적 정보를 전해 주었다. 그러나 마니교에 대한 가장 확실한 증언은 마니가 직접 저술한 아홉 권의 책과 이른바 마니교 교부학으로 알려진 마니 이후의 마니교 문헌들이다. 마니의 책과 마니교 문헌들은 20세기에 들어서 중국의 투르판과 둔황에서 발견된 중국어 필사본, 중페르시아어·고대 터키어 필사본, 이집트 파윰에서 발견된 콥트어 필사본, 최근 이집트 켈리스에서 발견된 필사본들을 통하여 전수되었다.

마니교가 뉴에이지와 공유하는 문제들은 크게 두 가지에서 비롯된다. 하나는 마니의 자기 소개 또는 자의식이고, 다른 하나는 마니교의 만신전과 창조 신화이다. 이 논고에서는 본 편역서 『마니교』에서 다소 산만하게 서술된 마니의 생애와 마니교의 신화(설화)를 간략하게 정리하여 소개하고 문제점들을 짚어 보겠다.

1. 마니의 생애와 자의식

마니(216~274/276/277)는 뛰어난 신학자라기보다 풍부한 종교 체험과 파란만장한 인생편력을 거쳐 새 종교를 만들어 낸 천재 종교가였다. 마니 자신과 마니 이후의 마니교 전승은 여러 가지 면에서 이 종교의 창시자를 예수와 비슷하게 소개하였다. 예수가 다윗 왕가 자손이었듯이 마니도 이란의 옛 왕가 자손이었고, 둘 다 외아들이었다. 마니의 아버지가 하마단을 떠나 알-마다인으로, 알-마다인에서 쿠타 강으로 온 것은 예수의 부모가 나자렛에서 예루살렘으로, 예루살렘에서 이집트로 간 것과 비교할 수 있다. 마니의 아버지 파텍은 아들 마니를 데리고 엘카사이 종교에 심취한다. 엘카사이 종교는 유다교에서 제물 봉헌 관습과 육식을 배제하고 불 대신 물을 종교의 마술적 도구로 삼았지만, 반율법론을 편 바울로와는 달리 실천적 율법주의 위에 묵시적 예언과 예수의 금언을 접목시킨 유다적 그리스도교라 할 수 있다.

228년, 열두 살이 된 마니는 타움(나바테아어로 '동반자'라는 뜻)이라는 천사의 계시를 받는다. 이때 파라클레토스가 마니에게 내려왔는데, 마니는 자기의 또 다른 이름을 파라클레토스라고 주장하였다. 스물네 살 때 마니는 두 번째 타움의 계시를 받고 "주님께서 쌍둥이를 나에게 보내어 율법의 세계에서 나를 해방시켰노라" 하고 말하였다. 이 쌍둥이는 예수와 토마를 가리키며 파라클레토스와 동일한 존재이다. 두 번째 타움의 방문으로 마니는 엘카사이와 완전히 결별하고 마니교를 창설한다. 이때부터 마니는 자신을 유다-그리스도교 묵시문학의 영웅이자 예언자들의 봉인, 곧 마지막 예언자로 내세운다. 마니의 독창성은 이원론적 교리 구성이 아니라 우주적·보편적 예언론에 있다. 빛과 어둠의 이원론 또는 양극론은 마니 이전 유다교 묵시문학과 영지주의 등 다른 종교·사상 체계에서 얼마든지 찾아볼 수 있다.

  마니는 온 세상에 신의 뜻을 전달하고 구현하는 예언자들의 계보를 아담으로부터 시작하여 인류의 혼란을 일으킨 카인족을 대적한 거인 셋, 홍수와 홍수 이후 시대에 인류를 구원의 길로 이끈 노아와 그의 아들 셈 등 유다인들의 민속 영웅들을 거쳐 예수·조로아스터·붓다까지 열거한 다음, 이 마지막 세 예언자를 자신의 인격 안에 합류시킨다. 마니의 예언자 계보에는 조로아스터와 붓다가 포함된다. 이로써 마니는 자신의 선교관과 구원관이 유다-그리스도교적 전망을 뛰어넘어 인류가 사는 땅 전체로 확장되었다고 주장한다. 예수는 팔레스티나·이집트·그리스·로마 선교를, 조로아스터는 페르시아·바빌로니아 선교를, 붓다는 인도·중국 선교를 담당했는데, 마니 자신은 모든 예언자들의 봉인, 곧 마지막 예언자로서 세상의 중심에 파견되어 선교하는 한편, 제자들을 서방과 동방으로 보내어 온 세상에 구원의 복음을 선포했다는 것이다. 마니는 예수와 바울로의 영향을 받아 새 종교를 창시한 교주가 되었다. 먼저 어려운 종교 실천, 곧 유다적 율법주의를 계승한 세례종교 엘카사이의 모든 교리와 관습을 예수의 이름으로 배격하였고, 신약성서와 바울로 외경들에 나타난 바울로의 사상과 선교 활동에서 영향을 받아 온 세상의 구원을 지향하는 세계종교를 표방하고 나섰다.

마니의 주장에 따르면 그는 예수와 바울로를 능가한다. 예수는 하느님 나라에 관한 희망을 선포하셨으나 마니는 그 나라를 실현하였으며, 바울로는 부활하신 예수를 전했지만 마니는 자신을 예수가 약속한 파라클레토스라 칭했다. 270년 마니교는 이란 전역에 세워졌고, 서쪽으로는 로마 제국의 국경까지 동쪽으로는 인도까지 선교 활동을 펼쳤다. 마니는 "서방에 교회를 선정하고 동방까지 미치지 못한 예수와, 동방에 교회를 선정하고 서방까지 미치지 못한 붓다"를 뛰어넘어 동서방 모두에 자신의 교회가 퍼져 나가기를 원했다. 그러나 마니는 이란 왕 바흐람의 호응을 받지 못하고 이란의 국교 배화교에서 이탈한 이단의 괴수로 몰려 276년 옥사하고 말았다.

마니가 비극적인 죽음을 맞은 뒤 마니교는 엄격한 교계제도, 정교한 교리, 철저한 수덕생활 등을 통해 이집트·아프리카·중앙 아시아·중국에까지 전파되었다. 마니교의 교리와 실천은 마니가 체계화한 신화에 바탕을 둔다. 마니는 기록을 남기지 않은 다른 종교 창시자들과는 달리 직접 글을 썼다. 그가 남긴 저서는 모두 아홉 권이며 그 가운데 창조 신화와 신들의 계보를 다룬 『전설』이 압권이다. 이 책의 「IV. 만신전」대목은, 동부 시리아 교회의 신학자 테오도르 바르-코니(8세기 말)가 자신의 『교리 문답집』 11권에서 요약해 놓은 마니의 『전설』을, 저자가 그대로 옮기되 이해를 돕기 위해 필요한 구절들을 보충한 것이다. 중세 시리아어 본문을 이해하기란 쉬운 일이 아닌지라, 까다롭고 복잡한 내용을 아래에 다시 정리해 보았다.

2. 마니교의 신화

마니교 신화 또는 설화의 특징은 극성極性, 오성五性, 다명성多名性이다. 극성은 흔히 이원론으로 오해를 받는데, 우주와 살아 있는 존재들의 세계에서 빛의 세력(빛의 신들)과 어둠의 세력(어둠의 신들)이 빚어내는 변증법적 관계를 가리킨다. 마니교인들은 이를 전투(전쟁)라고 한다. 오성은 신들의 계보와 창조 신화에서 드러난 특별한 원칙을 말한다. 마니교에서는 다섯이라는 숫자가 늘 중요하다(교계 제도의 5계급, 마니교 경전의 5경, 수도자의 5계명, 셋째 창조 때 생겨난 다섯 그루의 나무, 원소의 5색 등). 첫째 창조 때에는 태초인의 다섯 아들이자 세상의 다섯 원소: 빛·불·물·바람·공기가, 둘째 창조 때에는 살아 있는 영의 다섯 아들: 광채의 장식·화려함의 대왕·빛의 아다마스·영광의 왕·운반자가, 셋째 창조 때에는 완전인의 다섯 지체: 지성·인식·사고·반성·의식이 나타난다. 다명성은 한 신에게 여러 이름을 부여하는 것을 말한다. 마니교는 세상 어느 종교도 흉내내지 못할 뛰어난 유연성과 적응력으로 다양한 민족과 문화 속으로 파고들었다. 신들 계보의 다명성은 마니교 신자들이 여러 지방에서 사용한 고유 언어로 신들의 이름을 친숙하게 부르도록 허용하였고, 동시에 각 민족과 나라의 고유한 신화 및 설화에 등장하는 주요 신들을 자연스럽게 흡수할 수 있게 해 주었다. 만신전 계보의 다명성은 한마디로 마니교의 특징인 혼합주의의 산물이라 할 수 있다.

마니교 신화 또는 설화는 매우 복잡하고 정교하다. 이를 최대한 간결하게 요약하면 다음과 같다: 태초에 두 본성 또는 두 원리가 있었다. 하나는 선한 본성인데 거대함의 아버지라 불리는 신으로서 빛의 땅에 살았다. 거대함의 아버지에게는 다섯 거실(신성, 神性)이 있는

데, 지성·인식(학문)·사고·반성·의식이다. 다른 하나는 악한 본성인데, 어둠의 왕으로 어둠의 영역 또는 다섯 세계, 곧 연기·불·바람·물·어둠에서 살았다. 어둠의 왕이 빛의 땅의 아름다움을 시기하여 싸움을 걸어오자 거대함의 아버지가 살아 있는 존재들의 어머니를, 존재들의 어머니는 태초인을, 태초인은 다섯 아들을 불러 전투를 준비한다. 존재들의 어머니·태초인·태초인의 다섯 아들로 형성된 이 첫 번째 전열이 바로 첫째 창조 과정으로서 그 결과는 세상을 구성하는 다섯 원소, 곧 빛·불·물·바람·공기의 창조다.

태초인과 그의 다섯 아들은 어둠의 다섯 아들을 독살하려고 그들에게 고의로 먹히지만 오히려 중독되어 의식을 잃는다. 그러자 거대함의 아버지는 빛들의 친구를, 빛들의 친구는 대건축사를, 대건축사는 살아 있는 영을, 살아 있는 영은 그의 다섯 아들을 불러낸다. 이 살아 있는 영의 다섯 아들, 곧 지성에서 나온 광채의 장식에게는 지바네들(다섯 원소)의 수호자 직책이, 인식에서 나온 화려함의 대왕과 사고에서 나온 빛의 아다마스에게는 지바네들을 삼킨 귀신들과 싸우는 직책이, 반성에서 나온 영광의 왕에게는 빛을 증류하는 바퀴를 돌보는 감시인 직책이, 의식에서 나온 아틀라스에게는 천상적 땅을 운반하는 운반자 직책이 주어진다. 그들은 어둠의 땅으로 가서 태초인과 그의 다섯 아들을 구해 낸다. 빛들의 친구·대건축사·살아 있는 영·살아 있는 영의 다섯 아들로 형성된 이 두 번째 전열이 바로 둘째 창조 과정으로서 그 결과는 하늘과 땅의 창조이다. 살아 있는 영은 아르콘들을 죽이고 그 가죽으로 열한 층의 하늘을 만들고 그 시체를 어둠의 땅 위에 던져 여덟 개의 땅을 만든다.

태초인과 살아 있는 영이 거대함의 아버지에게 구원을 요청하자 거대함의 아버지는 선구자를 부른다. 선구자는 광채의 예수와 빛의 열두 동정녀(왕권·지혜·결백·설득·정결·견고성·신앙·인내·공정·선함·정의·빛)를 부르고 두 선박(해와 달)을 올라가게 한다. 선구자는 태양 속에 자리 잡고 광채의 예수는 빛의 동정녀의 보좌를 받아 달 속에 자리를 잡는다. 선구자는 자신의 남성과 여성 형체를 드러낸다. 그것을 보고 모든 아르콘과 남성과 여성을 지닌 어둠의 자녀들이 갈망에 빠져 불탄다. 그래서 그들은 광채의 다섯 신에게서 온 빛을 자신들에게서 빠져나갈 수 있게 한다. 아르콘들의 죄와 빛이 혼합된 채 선구자에게 들어가려고 하지만, 선구자는 빛과 죄를 분리하여 빛만 받아들인다. 빛에서 분리된 죄는 다시 아르콘들에게 되돌아가지만, 누구나 토한 것을 역겨워하듯 아르콘들은 돌아온 죄를 받아들이지 않는다. 죄는 땅 위에 떨어지는데 습한 땅에 떨어진 절반은 짐승이 되고 마른 땅에 떨어진 절반은 다섯 그루의 나무를 싹틔웠다.

동물과 식물의 창조에 이어 인간의 창조는 더욱 복잡하게 묘사된다. 어둠의 딸들은 본성상 태초부터 임신한 상태였는데, 선구자의 아름다운 형체를 보고는 놀라서 유산한다. 조산아들은 땅 위에 떨어져 나무들의 싹을 먹고 있었다. 그러면서 저희들끼리 상의하며 선구자의 모습을 회상한다. 그러자 아샤클룬이라는 어둠의 왕자가 조산아들에게 그들의 아들딸을 주면 선구자의 모습으로 만들어 주겠다고 제안한다. 아샤클룬은 조산아들이 준 아들들을 먹고 딸들은 자기 배우자 네브로엘에게 주어 먹게 한다. 그러고는 네브로엘이 아샤클룬과 교합하여 아담과 하와를 낳는다. 거대함의 아버지는 아담을 혼수상태에서 구하기 위해 광채의 예수를 보낸다. 광채의 예수는 아담을 죽음의 잠에서 깨우고 높은 곳에 있는 아버지들, 곧 아버지의 다섯 지능을 보여 준 다음 생명의 나무를 맛보였다. 아담은 머리를 쥐어뜯고 가슴을 치며 "내 육신의 창조자에게, 내 영혼을 가둔 자에게, 나를 노예로 만든 악당들에게 화가 있을진저!" 하고 소리쳤다. 신들의 세계에서 끝난 제1차 전쟁은 인간의 세계에서 시작되는 제2차 전쟁으로 이어지고, 이 제2차 전쟁은 빛의 마지막 미립자가 물질들과의 혼합을 물리치고 아버지의 다섯 지능의 광채를 지닌 완전인에게 귀환되기까지 계속될 것이다. 선구자·광채의 예수·빛의 동정녀·완전인·완전인의 다섯 지체로 형성된 이 세 번째 전열이 바로 셋째 창조 과정이며, 그 결과는 하늘과 땅, 동물과 식물, 그리고 인격화된 추상 개념들, 곧 지성·인식·사고·반성·의식의 창조이다. 마지막 다섯 개의 추상 개념은 완전인을 형성하며 이 완전인은 거대함의 아버지께로 다시 돌아가고자 한다.

테오도르 바르-코니의 요약본 『전설』에는 종말의 묘사가 없다. 『전설』은 창조를 다루는 설화이기 때문이다. 종말에 대한 언급은 『샤부라간』에 나오는데, 여기서는 종말에 벌어질 제3차 마지막 전쟁을 대전大戰이라고 부른다.

3. 마니교가 뉴에이지 운동과 공유하는 유사점

마니의 자기 소개와 자의식, 그리고 마니교의 만신전과 창조 신화는 뉴에이지 운동과 여러 가지 점에서 공통점을 지닌다.

1) 뉴에이지 저술에서 예수 그리스도는 수많은 현자나 예언자 가운데 한 분으로 제시된다. 마니는 자신을 예수 그리스도와 동격으로 또는 그분보다 더 위대한 예언자로 내세운다. 또한 마니교의 만신전과 창조 신화에서 예수는 여러 신들 가운데 하나이다. 이는 나자렛

예수를 삼위일체의 한 위격이며 인류의 구원을 위해 하느님 아버지께서 보내신 그분의 유일무이한 외아들로 고백하는 그리스도교의 정통 교리와 어긋난다.

2) 뉴에이지에서 세상은 처음부터 영원히 존재하는 신성 그 자체이고, 마니교에서는 태초부터 있었던 두 원리, 곧 빛과 어둠이 서로 투쟁을 벌이는 가운데 부수적으로 세상의 창조가 이루어진다. 마니교의 창조 신화에서 우주의 다섯 원소(빛·불·물·바람·공기), 행성(해·달·별), 인간의 지적 능력들(지성·인식·사고·반성·의식), 인간의 열두 가지 덕성(왕권·지혜·결백·설득·정결·견고성·신앙·인내·공정·선함·정의·빛) 등은 본디 모두 신들이다. 또한 하늘과 땅, 동물과 나무들은 죽은 신들의 가죽과 시체이다. 특히 마니교의 신화는 귀신학 Démonologie과 신통계보학Théogonie 안에 창조에 관여한 모든 신들을 정리하여 소개하는데, 서양에서는 귀신학을 악마론으로 잘못 해석하면서 악마숭배의 길이 열리게 되었다. 마니교의 이 같은 신화는 뉴에이지의 범신론적 사고와 일맥상통한다. 이는 유일하신 하느님이 이 세상을 창조하시고 계속 섭리하시며 창조주와 피조물은 엄격히 구별된다고 믿는 그리스도교 신앙에 위배된다.

3) 마니교와 뉴에이지는 빛의 신성을 강조한다. 마니교인들은 빛의 땅은 향기롭고 아름다운 무지개 색을 띠고 있다고 주장한다. 우주의 다섯 원소는 다섯 가지 색깔을 지닌다. 빛은 희고 불은 붉으며 바람은 푸르고 물은 초록이다. 그리고 다섯 번째 색깔 금색(노랑)은 공기에 적용된다. 우주의 창조는 빛의 미립자를 피조물 안에 가둔 악한 신들의 작업이고, 우주의 구원은 세상 만물에 갇혀 있는 빛의 미립자를 해방시켜 영원한 본향인 빛의 땅으로 운반하려는 선한 신

들의 작업이다. 이 둘 사이의 힘겨루기를 마니교에서는 전쟁으로 표현한다. 마니교에서는 동물이나 식물의 번식을 돕거나 이롭게 한 행위는 금지한다. 번식은 육체 속에 감금된 빛의 미립자가 해방되는 것을 한정없이 연장하기 때문이다. 마니교 신자가 자기 위장과 맺는 관계는 물질세계의 창조주와 그의 아들들이 세상과 맺는 관계와 같다. 둘 다 빛을 제조하는 것이 목적이다. 결국 소우주microcosmos는 대우주macrocosmos를 반복한다. 음식이 성인들의 뱃속에 들어가면 그들의 정결과 기도와 찬송시를 통하여 이 음식 속에 있는 아름답고 신적인 것들이 정제된다. 음식을 씹고 삼키고 소화하면 음식의 어두운 물질(배설로 제거됨)과 신적 부분인 빛을 분리하게 된다. 정제된 빛의 미립자는 다시 상계로 올라가 반환된다. 모든 물질에 빛의 신성이 갇혀 있다는 생각과, 각 물질 속의 소우주에서 일어나는 빛의 정제·해방 작업은 물질 밖의 대우주에서 벌어지는 빛의 운반 작업에 직결된다는 생각은, 만물 안에 내재하는 비인격적 에너지의 상통과 일치를 주장하는 뉴에이지의 범신론과 환원주의와 동일한 내용이며, 그리스도교의 인격신 개념과 충돌한다.

4) 범신론적 사고의 당연한 귀결로 마니교와 뉴에이지는 자연보호와 환경보호에 민감하다. 특히 마니교에서는 자연의 다섯 원소, 빛·불·물·바람·공기 가운데 어느 것에도 상처를 입히는 모든 폭력행위를 금지하였다. 하찮은 식물이나 동물을 해치는 일은 물론 농사도 금지하였고 상처를 치유하기 위한 어떠한 약도 의료 처방도 거부하였다. 심지어 목욕까지도 물에 폭력을 가한다는 이유로 금기시하였다. 모든 육식, 발효 음료, 모든 우유 제품을 먹어서는 안 된다. 그것을 마련하려면 일련의 폭력을 가해야 하고 그들이 지닌 빛

나는 영혼을 유린하기 때문이다. 그래서 마니교인들의 음식은 완전한 채식이다. 그리스도교에서도 자연보호와 환경보호에 적극적으로 나서고 있지만, 마니교인들과 같은 균형감각을 상실한 환경운동과는 거리를 둔다. 자연과 인간은 상호의존적이기 때문에 상생을 위해 서로를 보호해야 하지만, 자연을 인간보다 우위에 둘 수는 없다. 유다-그리스도교의 성서는 여러 대목(창세 1-2장; 시편 8장; 로마 8장 등)에서 인간 중심의 창조관과 구원관을 역설한다.

4. 자연종교와 계시종교

계시종교는 사람들이 만들어 낸 신화나 인간의 상상력과 사고에 바탕을 두지 않는다. 마니는 사람들 사이에 널리 알려진 신화와 설화에 자기의 사상 체계를 접목시켜 종교를 만들어 냈다. 마니는 타움이라는 천사에게서 두 번이나 천상 계시를 받았다고 주장하지만, 그가 창시한 종교는 그리스도교와 민속 신화의 혼합종교의 틀에서 벗어나지 못한다.

유다교는 가나안 신화·바빌로니아 신화·이집트 신화가 빚어낸 온갖 잡신들과 우상들을 섬기는 고대 근동의 풍토 속에서 오랜 세월 동안 한 분 하느님만을 섬기고 그분이 계시하시는 말씀을 충실하게 따른 위대한 신앙인들이 물려준 유산이다. 구약성서의 창조와 원조 이야기(창세 1-11장)는 해신·달신·별신·바람신·벼락신·산신·바다신 등 천체와 자연을 온통 신으로 떠받들고 조잡한 신화를 바탕으로 세상과 인간의 창조를 설명하던 바빌로니아 종교에 폭탄선언과 같았다. 성서에도 수많은 신화적 요소들이 등장하지만, 그것은 어디까지나 야훼 하느님 앞에서 이방신들과 그 졸개들이 '무력한 것', 또는 더 나은 표현으로 '헛것'임을 강조하기 위한 것이었지 그것들의 실체를 인정한 결과가 아니었다.

그리스도교는 유다교의 유일신 신앙을 그대로 계승한다. 예수는 유다교가 전해 준 성서의 하느님을 구약의 어떤 예언자보다 정확하고 선명하게 보여 주셨다. 따라서 구약의 하느님과 예수 그리스도의 하느님을 분리시키려는 어떤 시도도 예수의 가르침에서 벗어난 것이다. 신약성서가 씌어진 고대 지중해의 문화·종교적 풍토 역시 만만치 않았다. 그리스-로마 신화에 기초한 다신교 숭배가 판치고 있었고 일상의 로마인들에게 야훼 하느님과 그분의 아들 예수 그리스도를 섬기는 그리스도인들은 무신론자로 간주되어 갖은 박해를 받고 심지어 목숨까지 빼앗겼다. 우리가 전해 받은 그리스도교 신앙은 어느 한 개인이나 집단의 영감과 뛰어난 상상력으로 역사의 한순간에 급조된 것이 아니라, 수천 년 동안 당신이 창조하신 인류를 구원의 길로 이끄시기 위하여 끊임없이 말씀을 내려 주시는 하느님과 그 말씀에 응답하는 개인과 공동체가 이루어 낸 결실이다.

이 책 『마니교』는 자매 저서 『영지주의자들』(분도출판사 2005)과 더불어, 뉴에이지 운동의 허상을 똑바로 볼 수 있게 하는 한편, 우리가 전해 받은 유다-그리스도교의 믿음과 실천이 얼마나 소중한 선물인지를 깨닫게 해 준다. 우리가 믿는 하느님은 이 세상을 아름답게 창조하시고 자애와 공정으로 다스리시며 피조물 가운데 인간을 당신 모습에 가깝게 가장 존귀한 존재로 만드시고 구원의 길로 끊임없이 이끄시는 인격신이시다. 그분은 구약성서에 계시된 우리 조상들의 하느님이자 동시에 예수 그리스도를 통해서 계시된 삼위일체의 하느님이시다.

  원어의 난해한 내용을 우리말로 풀고 일일이 확인하여 편역한 이수민 박사의 노고에 감사하며, 이 책이 한국의 그리스도교 지성인들에게 뉴에이지의 위험성을 인지하고 자신들이 전수받은 그리스도교 신앙을 굳건히 지켜 나가는 데 큰 도움을 주었으면 하는 바람 간절하다.

옮긴이의 글 | 5
마니교와 뉴에이지 운동 _ 정태현 | 9

I 마니 | 25

1. 마니의 생일과 출생지 | 25
2. 마니의 부모 | 27
3. 마니 부친의 종교들 | 28
4. 무그타실라 | 30
5. 엘카사이 | 32
6. 천사의 부르심 | 36
7. 엘카사이들과의 분쟁 | 39
8. 예언자들의 봉인 | 43
9. 여행과 선교 | 51
10. 만년晚年 | 59

II 책 | 67

1. 마니가 읽은 책 | 67
2. 마니가 쓴 책 | 71
   ① 『샤부라간』 | 71
   ② 『복음』 | 73
   ③ 『보고』寶庫 | 75
   ④ 『신비』 | 77
   ⑤ 『전설』 | 82
   ⑥ 『성상』聖像 | 84
   ⑦ 『거인』 | 87
   ⑧ 『서간』 | 90
   ⑨ 『시편』과 『기도』 | 91

3. 경전 목록 규정 | 92
4. 마니교 교부학 | 95
   ① 거룩한 전기(聖誌) | 96   ② 교리 해석서 | 97
   ③ 성시聖詩 | 99   ④ 실천적 안내서 | 101

III 공동체 | 103

1. 교계敎階 | 104
   마니 교회의 조직 | 109
   계급과 직책명 비교표 | 110
2. 수도자의 윤리 법규 | 112
   ① 첫째 계명 | 113   ② 둘째 계명 | 113
   ③ 셋째 계명 | 114   ④ 넷째 계명 | 115
   ⑤ 다섯째 계명 | 116
3. 평신도의 윤리 법규 | 117
   ① 십계명 | 118   ② 기도 | 120
   ③ 자선 | 121   ④ 단식 | 121
   ⑤ 죄의 고백 | 122
4. 종교 전례 | 122

IV 만신전 | 127
  1. 설화 | 128
    ① 이전 상태 | 128   ② 중간기 | 129   ③ 종말 | 135
  2. 마니교 만신전의 일람 | 136
    ① 귀신학 | 137
    ② 신통계보학神統系譜學 | 138
      첫째 창조(부르심) | 139
      둘째 창조(부르심) | 141
      셋째 창조(부르심) | 144
  3. 오성五性의 체계 | 146

마니 이후의 마니교 연대표 | 153
지도
  크테시폰을 본거지로 한 3~6세기 마니교 전교 활동 | 167
  소그디아 지역을 본거지로 한 7~13세기 마니교 전교 활동 | 168

참고 문헌 | 169

용어 색인 | 173
인명 색인 | 175
지명 색인 | 178
문헌 색인 | 181
성서 색인 | 184

· I ·
마 니

1. 마니의 생일과 출생지

마니는 직접 자신의 생일과 출생지를 밝혔다. 그는 사산Sassanide 왕조[1] 샤부르Shabuhr 1세[2]를 위하여 쓴 저서 『샤부라간』*Shabuhragan*의 「예언자의 왕림」이라는 대목에서, 바벨의 항성년恒星年 527년, 곧 아르사키드Arsakides 왕조의 마지막 통치자 아르타반 5세 5년에, 바빌로니아의 쿠타 강 상류에 있는 마르디누 성에서 태어났다고 기록했다.

---

[1] 페르시아 제국은 키루스(기원전 559~529) 때부터 시작하여 캄비세스 2세(기원전 529~522)와 다리우스(기원전 521~486) 때까지 전 지중해 연안과 이집트, 인도 국경까지를 합병하고 대제국(Achéménides)을 세운다. 기원전 330년 알렉산더 대왕이 이집트와 페르시아 제국을 점령하나 그가 사망한 뒤(기원전 323)의 마케도니아 제국은, 세 지역으로 나뉘고 셀레우코스가 동방 지역을 집정한다. 그러나 기원전 247년에 아르사케스 1세가 다시 옛 페르시아 제국 ─ 메소포타미아 지역까지 ─ 을 되찾고 파르티아 제국을 건설하는데, 이로써 아르사키드 왕조가 시작된다. 서기 227년 아르다시르(Ardashir) 1세가 파르티아의 마지막 왕 아르타반 5세를 물리치면서 파르티아 제국이 끝나고, 새로운 사산 왕조가 시작된다. 사산 왕조는 227년부터 651년 아랍-이슬람 침공까지 이란을 다스렸다. 지배적 종교 이념은 아후라 마즈다(Ahura Mazda)교로, 조로아스터교, 또는 미트라(Mithra)교(拜火敎)로 널리 알려져 있다.

[2] 샤부르 1세는 아르다시르 1세의 아들로 241년에 왕좌에 앉았고, 272년에 세상을 떠났다. 옛날 지중해까지 세력을 뻗쳤던 파르티아 제국이 로마군의 원정에 시달려 날로 쇠약해 가는 형편을 보고, 마니는 샤부르에게 세계를 정복할 수 있는 새로운 종교를 제안한 것이다.

연대 측정 전문가이자 유능한 저술가인 크와라즘인[3] 알-비루니(헤지라[4] 442년/1050년 이후 사망)[5]의 저서 『키탑 알 아타 랄-바키아』*Kitab al-athar al-baqiya*는[6] 『샤부라간』을 개작한 발췌문을 두 번이나 인용한다. 메소포타미아인 테오도르 바르-코니Theodor bar-Koni(8세기)와 아랍인 이븐 안-나딤Ibn al-Nadim(10세기)의 저서에 근거를 둔 상반되는 간접 원천들은 서로 다른 지방의 전설들임이 확실하지만, 알-비루니가 제공한 자료들과 일치시키려는 시도들은 모조리 실패로 돌아간 것 같다.

콥트어로 씌어진 『케팔라이아』*Kephalaia*의 저자도 마니의 자세한 전기를 『샤부라간』에서 발췌한 것이 분명하다. 「사도의 왕림에 대하여」라고 제목을 붙인 『케팔라이아』 제1장에 마니의 생일이 이집트 달력으로 파르무티Pharmouthi 달이고, 파르티아 왕 아르타반 5세가 집권한 때라고 한다. 731년 마니교 고위 인사가 중국 왕의 상서관의 부탁을 받아 중국어로 쓴 『마니교 교리 요약』*Compendium*에도[7] 마니가 마사魔謝(mohsieh)라고 하는 제십이성좌(第十二辰名) 527년 2월 8일, 한漢 제국의 열두째 마지막 황제 헌제獻帝 건안建安 13년에 탄생했다고 한

---

[3] 크와라즘(Khwarazm/Chorezm), 지금은 "호라산" 지방이라고 하는, 중앙 아시아에 옥수스 강 서쪽, 곧 아랄 호수와 카스피 해 사이에 있는 지방으로, 일부는 옛 페르시아에 속했다.

[4] 헤지라는 무함마드가 메디나로 이주(히즈라)한 해를 이슬람 기원 1년으로 계산한 역서(曆書)를 말한다.

[5] 아랍어 관사 "al"을 "알"로 자역(字譯)할 수 있겠으나, 다음에 오는 단어가 t, d, r, n, l, s, z 등의 자음으로 시작할 경우에는 "l"이 뒤의 자음에 동화하므로 음역하여, (컴퓨터의) 편의상 "안", "앗", "알"로만 구분했다.

[6] 독역: Ed. Sachau, *Chronologie orientalischer Völker*, Leipzig 1923; 영역: *The Chronology of Ancient Nations*, London 1879.

[7] 『마니교 교리 요약』을 서구에서는 『중국어 *Compendium*』이라 하고, 원 저서 명은 『摩尼光佛教法儀略卷』이다. 여기서 마니를 광불(光佛)이라고 한 점에 유의하기 바란다. 곧 "빛의 붓다"라 부르고, 나중에 마니교는 명교(明敎)라 일컫는다.

다. 다른 모든 역서들 — 바빌로니아·이란·중국·이집트 역서 — 도 셀레우키아와 알렉산드리아 연대로 똑같은 해 527년, 서기로 216년에 마니가 태어났다고 전한다. 아랍 문헌을 제외한 많은 원천 문헌들이 마니의 생년월일을 니산달 8일(= 4월 14일)로 정하지만, 아무런 역사적 가치는 없고, 마니교 신자들이 자신들의 역서에 축일을 정하는 데 사용했을 뿐이다.

마니는 바빌로니아 동북쪽에서 남쪽 닙푸르Nippur(Nuffar) 쪽으로 흐르는 쿠타 강 상류의 한 농촌 공동체에서 태어났다. 마니의 탄생지를 아카디아Akkadia의 아람어 지명으로 마르디누라고 했으나 정확한 위치는 아직 확인되지 않았다.

2. 마니의 부모

마니의 부친 이름은 가족명(姓)으로 확실하게 전한다. 한 마니교인이 그리스어로 쓴 『육신의 탄생』은 아주 작은 양피지 필사본(4.5×3.5cm)으로, 현재 독일 쾰른Köln 대학에 소장되어 있다.[8] 이 필사본이 마니의 부친을 파티키오스Pattikios라고 부르는데, 이란명 파틱Pattig이나 파텍Patteg, 또는 시리아명 파티끄Patiq를 그리스식 이름으로 바꾸어 옮긴 것 같다.

마니교 전승은 마니가 태어난 환경을 아름답게 꾸민다. 이란 세계에 호의를 가진 페르시아의 마니교 호교론자들은, 마니의 아버지 파텍이 하마단Hamadan 가문에 속하는, 파르티아의 아주 유서 깊은 집안인 하스카니야Haskaniya의 후손이라고 한다. 그의 모친 이름은 여러

---

[8] *CMC*=Codex manichéen de Cologne: 『쾰른 대학 마니교 필사본』.

형태 — 마이스Mays, 카루싸Karussa, 우타킴Utakhim, 타크쉬트Taqshit, 누쉬트Nushit — 로 불리는데, 아르사키드 왕가에 속하는 캄사라간Kam-saragan 가문이라고 한다. 한 종교의 창립자를 이처럼 높은 명문가 출신으로 귀속시키는 현상은 불교나 그리스도교에서도 마찬가지다.

그리스도교에 호의를 가진 마니교의 호교론자들은 동방의 마니교 신자들이긴 하지만, 마니의 어머니를 예수의 어머니와 같이 마리암Maryam이라고 한다. 이 호교론자들은, 마니의 아버지가 이민자이며 변절자로 하마단을 떠나 알-마다인al-Mada'in에 왔고 다시 알-마다인에서 쿠타 강으로 왔다고 한다. 이러한 예는 어린 예수 이야기에서도 찾아볼 수 있다. 요셉이 나자렛을 떠나 예루살렘에 왔고 예루살렘을 떠나 이집트에 간 사실과 같다. 예수처럼 마니도 외아들(獨生子)이다. 그의 선구자가 이스라엘 고대 왕족의 자손이라고 선포했듯이, 마니도 아람인으로서 이란 옛 왕가의 후손이다.

3. 마니 부친의 종교들

파텍은 어떤 종교를 신봉했을까? 아랍 백과사전 집필자 이븐 안-나딤이 쓴 『알-피흐리스트』[9]에서 몇 가지 정보를 얻을 수 있다.

> 사람들은 파텍이 알-마다인에서 다른 주민들처럼 습관적으로 우상들의 집에 다녔다고 말한다. 그런데 하루는 우상들의 집 제단祭壇에서 고함치는 소리가 들려왔다. "오! 파텍아, 고기를 먹지 마라! 술을

---

[9] 『알-피흐리스트』(al-Fihrist)는 "목록"을 뜻하며, 헤지라 337년/서기 990년에 씌어졌다.

마시지 마라! 모든 성 관계를 멀리하라!" 이런 외침이 사흘간 계속 여러 번 반복되었다. 그는 이 전언傳言을 알아듣고는 다스투미산Das-tumisan 부근에 무그타실라Mughtasila라는 사람들의 공동체에 가담했다. 오늘날에도 이 공동체에 속하는 몇 사람들이 이 지방과 바타이Bata'ih 지방에 살고 있다. 이들은 한 종교법al-madhhab을 따르고 있는데, 파텍이 그곳에 가입하라는 명령을 받은 것이다. 그때 그의 아내는 마니를 임신한 상태였다.

아들의 성덕聖德은 아버지의 성덕을 암시하므로 아들이 볼 환시가 아버지에게 미리 옮겨 간 것이다. 이븐 안-나딤이 받은 원천 문헌 전승은 마니교 전기 작가가 쓴 건설적 설화였음을 알 수 있다. 이 상관관계가 중요한 이유는, 파텍이 이교인이고 마니가 탄생하기 직전이나 직후에 개종했으며, 그가 받아들인 종교 단체가 바빌로니아의 무그타실라교mughtasilisme였다는 사실을 알려 주기 때문이다.

"우상들의 집"과 "우상의 제단"이라는 두 표현은 파텍이 다닌 성전이 불을 공경하는 성전이 아니었음을 증명한다. 마니의 가문은 조로아스터Zoroastre교에 속하지 않았다. 파텍이 섬긴 이방 종교는 콥트어 『케팔라이아』 121장이 말하는 "바빌로니아 가운데 자리 잡은", "노베nobe의 종교"를 떠올리게 한다. 이 문헌에 따르면, 마니와 논쟁을 벌인 이방 종교의 사제는 우상숭배자(콥트어로 refshmshe eidôlon)였다. 노베라는 말은 콥트어에 전혀 알려지지 않았으니 셈어에서 왔다고 본다면, 마니의 아버지는 무그타실라가 되기 전에 나부Nabu 신을 섬겼다는 말이 된다. 다시 말해 그 당시 바빌로니아와 메소포타미아 북쪽 하란Harran에서 믿던 전통 종교의 추종자였을 것이다.

우상의 제단에서 파텍이 들은 세 가지 계명은 그의 개종이 오로지 실천적 동기였음을 말해 준다. 파텍은 또 다른 생을 맞이하기 위하여 이전의 생을 포기한 것이다. 절제와 금욕을 토대로 한 규칙에 복종하고 반결혼주의가 지배적인 종교 사조를 추종하려고 자신의 이전 종교, 곧 수도적 실천과는 거리가 먼 하란식 종교 — 아랍 문헌들이 말함 — 를 떠난다. 전통 종교를 집전하는 사람들은 환상을 좋아하는 점성가들로 별들의 계시를 기록하는 사람들이었고, 파텍은 세례자가 되었지만 한 계시에서 다른 계시로 옮겨졌을 뿐이다.

4. 무그타실라

이븐 안-나딤에 따르면 마니가 태중에 있을 때 파텍이 가담한 공동체는 알-무그타실라al-mughtasila(자기를 씻는 사람들)라고 한다. 그 명칭은 그리스어 밥티스타이baptistai(세례자들)에 해당하는 아랍어다. 9~10세기까지 이 세례자들은 바빌로니아 지역, 특히 메소포타미아 하부의 와시트Wasit와 알-바스라al-Basra 중간에 있는 바타이Bata'ih(숲이 많고 넓은 소택지를 가리키는 지리학 용어) 지역에 살고 있었다. 이븐 안-나딤은 『알-피흐리스트』에서 그들에 대한 기록을 반복한다.

> 바타이 지역에 그들의 수가 많았다. 그들은 바타이 지역의 사베아인들Sabéens로 목욕을 일과로 하고 모든 것을 씻어 먹는다. 그들은 우두머리를 알-카사이al-Khasayh(그리스어 *CMC*에는 알카사이오스Alkhasaios, 필사본에는 알-하사이al-Hasayh)라고 한다. 그가 공동체의 입법자다. 그는 존재al-kawanayn의 두 "밭"을 남성과 여성이라 하고, (거기서 자라는)

"채소"들이 남성의 머리고 "새삼-토사"는 여성의 머리며, "나무"는 그들의 핏줄이라 한다. 그들은 우화에서 본 어마어마한 사실들을 이야기한다. 알-카사이의 제자들을 샴운Sham'un이라 하는데, "이원론"에서는 마니교인들과 일치한다. 그들의 공동체는 여러 개로 분열되었고 개중에는 오늘까지 별을 경배하는 사람들도 있다.

이븐 안-나딤이 쓴 『알-피흐리스트』의 두 번째 짧은 기록은 바타이 지역의 사베아인들의 전통을 다음과 같이 담고 있다.

> 이 사람들은 나바테아Nabatea인들의 옛 전통을 지키며 별을 흠숭하고 입상과 우상들을 모신다. 이들은 하란인들인 사베아교인들과 공통점이 있으나, 전체적으로나 세부적으로나 그들과는 다르다.

무그타실라의 사베아교인들과 성좌星座들을 흠숭하는 하란의 사베아교인들은 지리적·사상적으로 가깝기 때문에, 아랍 역사는 이들을 같은 명찰名札 속에 집어넣는다. 우리가 본 바와 같이, 두 형태의 "사베아 사상"은 계시에 관한 한 체계의 두 가지 다른 변형에 지나지 않는다. 마니의 아버지가 한 종교에서 다른 종교로 넘어갔다 함은 생활의 양식을 바꿨음을 의미할 뿐이다.

무그타실라교 생활의 본질은 육신과 식품을 씻는 예식에 토대를 둔다. 그래서 시리아의 네스토리우스 신학자 테오도르 바르-코니는 그들을 메낙케드mnaqqede(자기를 깨끗이 하는 사람)라 하고, 자기들끼리 "백의"白衣(halle heware)라고 부른다. 흰옷은 그들의 정화된 상태를 상징한다. 정화 관념에서 볼 때, 이 무그타실라교 사상은 팔레스티나나 바빌로니아에 있는 다른 세례 운동 사상과 아무 차이점이 없다.

무그타실라 운동은 음식물에 대한 규정이 독특하다. 이들의 체계는 발효한 음료와 육식을 금지한 것은 물론, 음식물을 사회적 표준에 따라 둘로 구분한다. 유다인의 빵은 먹어도 되고, 그리스인의 빵은 먹어서는 안 된다. 공동체에서 만든 빵과 가난한 사람들이 만든 빵, 그 밖에 이방인들과 부자들이 만든 빵을 구분한다. 공동체의 밭에서 나는 채소는 남성적 본질이라 하여 허락하고, 외부에서 들여오는 채소는 여성적 본질이라 하여 금지했다. 모든 남성적 채소는 소비하기 전에 예식에 따라서 씻어야 한다. 곧 세례를 받아야 한다.

누구든 이런 사상 체계를 미리 염두에 두지 않는다면, 마니의 사상 변천과 그의 예언자적 자각이 빚어낸 여러 단계의 갈등의 역사를 이해할 수 없다. 무그타실라 공동체의 한 회원으로서 마니는 이 체계를 부인하고 배척한 뒤에, 한 교회의 창립자가 되어 이미 알고 거부한 규정들을 참고로 하여 새로운 음식 규정을 만들어 냈다.

5. 엘카사이

이븐 안-나딤에 따르면, 무그타실라를 법으로 설립한 사람, 즉 이 종교의 우두머리이자 창립자는 알-카사이였다. 이는 그리스어 *CMC*(『쾰른 대학 마니교 필사본』)가 지적한 알카사이오스Alkhasaios이며, 그리스도교 반이단론 교부들이 비판한 엘카사이Elchasai와 동일시해도 아무 문제 없다. 이븐 안-나딤은 마니교 전통과 교부들의 진술에 따라, 이 이름이 실제 역사에서 존재한 것으로 본다. 그러나 엘카사이는 서력西曆 초기에 메소포타미아 유다-그리스도교 신자들에게 폭넓게 알려진 계시록의 권위적 이름이기에, 신화적 인물이 역사화되었을 가능성이 더 많다. 따라서 여기 사용된 "엘카사이"는 역사적 인물이라기보다는 엘카사이적 무그타실라 종교 운동을 탄생시킨 책의 익명의 저자거나 그 책의 내용일 것이다.

이 책의 그리스어 개작은 아파메아Apamea의 알키비아데스Alkibiades라는 사람이 3세기 초에 로마에 가져왔다고 한다. 그리스도교 반이단론 교부 히폴리투스Hippolytus가 이 책의 내용을 알고 자기가 쓴 『오류의 백과사전』Elenchos에[10] 간단히 소개한다. 이에 따르면, 알키비아데스는 엘카사이가 파르티아 — 이란 — 에 살면서 엄청나게 큰 천사에게서 이 책을 받아 직속 제자 소비아이Sobiai에게 넘겨주었다고 한다. 이 사건은 "로마 제국 트라야누스Traianus 황제의 집권 3년"에 일어났다. 곧 서기 100년이다.

에피파니우스에 따르면, 엘카사이는 유다인 가문에서 태어났으나, 히브리 종교의 사회·문화적 기반을 배척하고 새로운 공동체의 주인이 되었다. 유혈 봉헌은 성조Patriarche들에 의해 제정되었고, 파스카 전례를 통해 지속되었는데, 그때 목 잘린 동물은 제단에서 불태워진다. 이에 대한 반발로 엘카사이는 음식에서 육식을 배제했다.

모든 제물을 바치는 관습과 종교 예식을 배격한 엘카사이는 자신을 "의인"이라 부른다. 자구字句대로 엄격히 지켜야 하는 그들 법에 따르면, 할례를 행하고, 엄격한 일신교를 표방하며, 점과 점성술을 배격한다. 반이단론 교부들은 반대로 이야기하지만, 사제직을 고수하고, 기도 방향qibla을 예루살렘으로 정하며, 안식일과 단식을 준수

---

[10] 『영지주의자들』(분도출판사 2005)과 이 책에서는 『논박서』라고 소개한다.

하고, 결혼을 장려하며, 다른 유다 종파들이 시행하는 다양한 금욕 등을 경멸한다. 불을 옛 종교의 야만스런 종교 행사에 사용한 악마적 도구로 여겨, 엘카사이는 물을 새 종교의 마술적 도구로 삼는다.

> 나의 자녀들아, 오류에 말려들지 않으려거든 불의 겉모양(外觀)에 가까이하지 마라! 불은 그릇된 환상이기 때문이다. (불)이 아주 멀게 보이지만, 실은 아주 가까운 것이다. 그래서 너희는 겉모양에 가까이하기를 삼가되, 오히려 물의 소리를 따라라!

엘카사이 율법 정신은 유다교의 제사에 쓰이는 죽음의 불을 팔레스티나 세례파들에게 생명을 준 물로 대치한다. 입교 예식에서는 죄를 없애기 위해 세례를 준다. 입교자는 옷을 입은 채 개울물에 몸을 담그는데, 세례의 호명 예식épiclèse에는 치유적 효력이 있는 원소들, 곧 물·땅·바람·기름·소금의 도움을 청하는 기도가 포함되어야 한다. 이 마지막 두 요소(기름과 소금)는 불 대신에 삽입되었다.

예식을 통해 모든 잘못이 자연스럽게 용서받고, 자신의 참회를, 삶의 회개와 변화를 성별했다. 이 예식은 무엇보다도 육신의 치유에 효과가 있다. 왜냐하면 윤리적 순결은 행동과 언어가 표현하는 생리적·육체적 효과의 본질적 결과이기 때문이다. 그래서 예식의 기능은 육체를 깨끗이하고 병을 치유하며 악마에게서 해방시키는 데 있다. 히폴리투스 『논박서』*Elenchos*의 한 단편은 이렇게 표현한다.

> 한 남자나 한 여자 또는 한 아이가 미친 개에게 물렸을 때, 그는 강이나 물이 넘치는 샘으로 뛰어간다. 그는 옷을 입은 채 물속에 내려

가서 거대하고 가장 높은 하느님께 신뢰를 가지고 도움을 청한다. 폐결핵 환자와 악령에게 홀린 사람들에게는 치료를 위해 이레 동안 마흔 번 찬물에 목욕하라고 처방한다.

한편 목욕은 매일 전례력에 맞추어 간격을 정한다. 그리고 세정洗淨 법규는 매우 엄격하여 공동체의 빵을 굽는 화로나 밭에서 거둔 식품을 소비하기 전에 물에 담가 씻어 깨끗이 하라고 규정한다. 이교인들에게서 오는 식품은 절대적 금기tabous로 처단했다.

엘카사이는 이 유다적 본질의 실천적 율법주의에 묵시주의자들의 예언과 예수의 금언logia에 토대를 둔 그리스도론을 접목하여 교합했다. 엘카사이적 그리스도교 사상에 따르면, 예수는 아담으로 시작하여 성유를 받은 이들christs, 곧 메시아 계열의 마지막 인물이기 때문에, 이는 타르수스의 바울로가 성공적으로 가르친 교시敎示와 심한 차이가 있음을 부인할 수 없을 것이다. 바울로는 유다적 율법 준수 세계와 절교했지만, 엘카사이는 엄밀한 의미에서 유다-그리스도교 신자들이었다. 곧 토라와 계명으로 영원히 정해진 유다적 생활양식을 실천하는 그리스도인이다.

2세기 초부터 엘카사이적 유다-그리스도교 사상이 요르단 강 건너편 — 동쪽 — 여러 지역에 자리를 잡았고, 아라비아 지방에서 대단한 활약을 했다. 3세기 초에는 마니의 부친이 바빌로니아 지역의 공동체에 가담했고, 아파메아의 알키비아데스가 로마에서 교리를 전파하기 위해 활동했다. 3세기 중엽 오리게네스는 아랍인 로마 황제 필립푸스Philippus(244~249 재위)가 집권한 당대에, 팔레스티나에서 엘카사이가 그 당시에 발전했다고 확인했다. 팔레스티나와 시리아 종교 사조에 정통한 에피파니우스는 4세기에 요르단 지방의 세례 공동체 거의 전부가 엘카사이 사상에 흡수되었다고 주장했다. 헤지라 4세기에 이븐 안-나딤은 이 종교 운동이 무그타실라의 이름으로 메소포타미아 남쪽 저습지에 아직 생존해 있다고 주장했으니, 상당한 세력을 가진 종교 운동이었던 게 분명하다.

6. 천사의 부르심

마니의 부친은 자신이 몸담고 있던 다스투미산 농촌 공동체에 네 살 난 아들을 데려온다. 마니는 스물다섯 살까지 그 엘카사이의 세례교에서 성장했다. 마니의 첫 제자 살마이오스Salmaios는 스승이 자신에게 의탁한 비밀을 전한다.

> 나는 네 살 때 세례자들의 종교에 입신했고 그곳에서 성장했다. 내 몸은 아직 어렸으므로 빛의 천사들의 힘이 나를 보호했고, 광채의 예수가 임명한 가장 큰 권능 ― 천사 ― 들이 나를 지켰다. 그래서 나는 네 살 때부터 내 몸이 성숙하기까지, 지극히 거룩한 천사들과 성성聖性의 권능들[11] 손안에서 보호받았다(『쾰른 대학 마니교 필사본』, 11-12).

이 증언은 문학적으로 재구성한 것이다. 마니는 그가 아주 어렸을 때부터 엘카사이 공동체의 회원이었다. 그는 개종한 아버지 곁에서

---

[11] "거룩한 권능들"을 글자대로 번역하면, "성성(聖性)의 권능들"이다. 삼위의 "성령"도 마찬가지로, 동방의 표현으로 "성성(聖性)의 영"(루하 드쿠드샤)이다. 시리아어 문헌에 "권능들"은 다양한 "천사들"의 총칭이다.

자랐고, 아버지는 그에게 공동체의 성무일과와 예수의 경언驚言/기적사奇蹟史에 대해 종교적 감각을 길러 주었다. 마니의 어린 시절은 온통 예수의 어린 시절을 그대로 옮겨 놓은 것과 같다.

과연 알-비루니는 『알-아타르』al-Athar[12]에서 마니가 쓴 『샤부라간』을 소개하며, "예언자의 왕림"이라는 대목에서 마니가 열세 살 때 계시al-wahy를 받았다고 스스로 말했다고 한다. 알-비루니는 그해가 항성년 539년, "왕들의 왕" 아르다시르가 집권한 지 2년 뒤라고 결론을 내린다. 한편 이븐 안-나딤은 『알-피흐리스트』에서 마니가 열두 살을 채웠을 때 계시를 받았다고 선언한다. 이는 "빛나는 정원의 왕" 자신이 한 말로서 계시를 가져온 천사의 이름은 타움Tawm이고, 나바테아어로 '동반자'라는 뜻이다.

알-비루니는 연대기의 다른 구절에서 더 정확히 말한다. 이 사건은 아르다시르 집정 2년 째, 228년에 일어났다. 마니교 문헌 『케팔라이아』 제1장은 이 사건을 아르탁소오스Artaxoos(= 아르다시르)가 왕관을 받은 해와 일치시킨다. 천상 계시의 전달자의 이름은 타우마Tawma(그리스어로 Suzugos, 콥트어로 Saïsh)다. "살아 있는 파라클레토스가 나에게 내려와서 나와 대화하였노라"고 한 『케팔라이아』 제1장에서, 마니는 요한 복음 14장 26절의 "파라클레토스"paraklétos가 바로 자기라고 한다.

미래의 예언자가 형성된 과정을 보면, 시리아 그리스도교가 사용한 토마 사도의 이름과 그에 대한 전설이 개입되었음을 알 수 있다. 토마라는 이름은 바로 "쌍둥이"를 의미하며 — 이 이름이 예수의 쌍

---

[12] 『알-아타르』(al-Athar)에 대해서는 74쪽을 보라.

둥이 형제로 전환된다 ―, 『토마 복음』과 『토마 행전』 등은 당시 모든 형태의 동방적 신심에 영양분을 제공했다. 전통적으로 파라클레토스는 예수와 토마인데, 파텍의 아들은 자기 계시의 비밀을 접목하여 파라클레토스 → 예수와 토마 → 마니가 된다.

 12년 동안 마니는 환시로 본 비밀들, 곧 자신의 천상 동반자가 자기에게 계시한 비밀을 키워 나가며, 차츰 엘카사이들의 지상 동반자들과 충돌하게 된다. 이 첫 갈등의 시기는, 천사 타움이 두 번째로 장엄한 발현을 하여 끝을 맺는다. 『쾰른 대학 마니교 필사본』은 이 사건을 다음과 같이 표현한다.

> 나의 육신이 발전을 이룩한 그 시기에 돌연히 가장 아름답고 숭고한 거울이 내려와 내 앞에 나타났노라. 내가 스물네 살 된 그해에, 페르시아 왕 다리아르닥사르Dariardaxar(= 아르다시르)가 아트라Atra(= 하트라) 시를 항복시킨 그해에, 그의 아들 사포르Sapor(= 샤부르 1세) 왕이 가장 큰 왕관을 받은 그해 파르무티 달 여덟째 날에, 지극히 복 받은 주主는 나를 불쌍히 여겨 그의 은총 속에 불러들였고, 나의 쌍둥이suzugou mou를 나에게 보냈노라. 그가 왔을 때, 그는 나를 해방시켜 따로 떼어 놓고, 내가 자라난 율법의 세계에서 나를 빼내었노라. 그는 이같이 나를 부르고 선택하고 나를 둘러싼 사람들 세계에서 분리시켰노라.

마니의 신학적·선교적 의도에 따라 여기서도 날짜가 일치한다. 천사의 두 번째 발현은 거의 며칠 차이로 달라진다. (1) 샤부르 1세가 아버지 아르다시르의 공동집정자로 서임한 날짜는 니산달 초하루,

셀레우키아 연대로 551년, 양력 240년 4월 12일이다. (2) 만월滿月은 같은 달 13일이다. (3) 마니의 24세 생일은 니산달 8일, 양력 4월 14일이다. 『쾰른 대학 마니교 필사본』에 보존된 바라이에스Baraies의 강론 발췌에 따르면, 마니가 그날 25세를 맞이했다고 한다.

이러한 역사적 일치는 삼차원적 세계, 곧 정치·점성학·예언적 세계들의 합치로 볼 수 있는 마니교의 호교론적 의도에 상응한다. 새로운 시대에 새로운 왕과 새로운 예언자가 나왔다는 것이다. 이러한 합치는 아첨이 아니라면 적어도 새로운 "왕들의 왕"shahanshah을 호도하기 위한 것이었다. 마니가 왕의 모국어로, 왕을 위해서 받은 계시의 내용을 썼다면, 이는 새로 시작하는 새 왕이 새로운 종교로 통치하기를 바랐기 때문이다.

7. 엘카사이들과의 분쟁

자기가 살고 있는 주변의 종교와 접촉하기도 비판하기도 하면서, 마니는 새로운 종교에 대한 자기 계획을 키워 나갔다. 여기에서도 역시 마니 자신과 전기 작가들의 이상화理想化를 염두에 두어야 한다. 마니의 어린 시절이 예수의 어린 시절을 모방했듯이, 공동체의 권위자들과 싸우는 청년 마니의 모습은, 공관복음에서 보는 예수의 반反유다교적 논박을 모방한 것이다. 그러나 전기의 일부분이 꾸며진 것이긴 해도, 『쾰른 대학 마니교 필사본』의 내용은 역사적으로 가장 확실하고 가장 새로운 요소를 포함하는 것 같다.

마니와 엘카사이들과의 논쟁은 과일과 채소에 적용한 세례 예절에 관한 것뿐 아니라, 모든 종교적 율법과 그의 준수까지도 문제로 삼는다. "나는 그들에게서 하느님의 길과 구세주의 계명에 대해서 문의했다"는 말은 바라이에스의 권위를 빌려 수록된 마니의 말이다. 아랍 전통은 바라이에스를 아브라하야Abrahaya인으로 대치한다.

마니는 식품에 세례를 주는 엘카사이의 관습을 야유한다. 그의 논증은 간결하고 상식에 맞는 판단이었다. 곧 "음식이 세례를 받는다고 해서 피나, 쓸개나, 방기放氣나, 변을 제거하지는 못한다. 오히려 음식의 절제만이 배설물apekdumata의 양을 줄인다"고 했다.

> 세례받아 정화된 음식을 먹는 것, 세례받지 않아 정화되지 않은 음식을 먹는 것을 비교해 볼 때, 몸의 아름다움과 힘을 얻는 데는 둘 다 효과가 똑같다. 두 가지 다른 음식의 배설과 잔유물에서 아무런 차이도 발견할 수 없다. 결론적으로 말해, 육체가 배설하는 모든 세례받은 음식은 세례받지 않은 음식과 아무 차이가 없다는 것이다(『쾰른 대학 마니교 필사본』 82).

마니는 자기의 적대자들에게 목욕과 세정洗淨이 순결을 줄 수는 없다고 설명한다. 구세주 예수가 "계명"에서 이런 종교적 실천에 대해 전혀 말하지 않았음은 본디부터 불결한 육체가 물로 씻는다고 순결하게 될 수 없음을 증거한다.

> 성서 — 예수 — 가 말하는 순결은 빛과 어둠, 삶과 죽음, 산 물과 죽은 물을 분간할 줄 아는 데서 오는 순결이라고 가르친다. 보라, 이것이 참으로 옳은 순결이니, 너희는 이 계명을 받아 실행하라!(『쾰른 대학 마니교 필사본』 84-85).

이러한 취지는 어떤 사람들에게는 쑥덕거림과 불신을 가져오고, 또 어떤 사람에게는 존경과 감탄을 자아냈다. 동조자들 가운데서도 어떤 사람은 그를 자기네 종교의 우두머리로, 어떤 사람은 예언자로, 어떤 사람은 비밀 계시를 받은 견신자見神者로 여겼다. 그러나 그의 반대자들은 그를 (종말에 올) 반反그리스도로, 전통의 관점에서 본 위선자로, 마땅히 죽어야 할 종교 분열의 선동자로 보았다. 마니는 우리 법규의 적이다. "그는 이교인들에게 가서 그리스 빵(이교도 빵)을 먹기를 원하니, 그가 그리스 빵을 먹어야 한다고 말하는 것을 우리가 들었기 때문이다"(『쾰른 대학 마니교 필사본』 87). 이 서술에서 보는 이 같은 호감과 반감의 반응은 예수의 정체와 그에 대한 팔레스티나 유다인들의 고발을 전하는 신약성서 기사에서 영감을 받은 것이다.

마니의 열정적·반항적 강론이 일으킨 분열과 혼란으로 시타이오스Sitaios라는 이방 종교 공동체의 책임자는 공동체의 원로회의를 소집했다. 그들은 마니의 부친 파텍에게 이 사실을 설명하라는 결정을 내린다. 파텍은 아들에 대한 고발을 듣고 자기의 책임을 완강히 부인하며 신약성서(요한 9,21)에 나오는 소경의 아버지처럼 "당신들 자신이 그를 소환하여, 그에게서 자초지종을 들어 보시오!"(『쾰른 대학 마니교 필사본』 90)라고 답변했다.

마니가 총회 장소에 출두했을 때, 심판관들은 무엇보다 그의 업적을 칭찬했다. "너는 어려서부터 우리와 함께 있으면서, 우리 율법 규정을 충실히 준수했다. 그런데 도대체 지금 너에게 무슨 일이 일어난 것이냐? 너는 무슨 환영을 보았느냐? 네가 우리 율법을 반대하다니, 우리 종교dogma를 전복하고 폐기하겠단 말이냐? 네가 취한 길은 우리의 길과 다르지 않느냐?"(『쾰른 대학 마니교 필사본』 90-1). 결국 마니는 세정 예식, 구세주의 계명, 밀가루 빵과 채소에 대한 음식 금지 규정 그리고 농사법을 배척했다는 고발을 당한다.

마니의 첫 대답은 자신의 말과 행동이 예수의 모범을 따랐을 뿐임을 보여 주려 했다는 것이었다. 예수는 빵을 축성하고 세리와 죄인들과 함께 어울리며 마르타와 마리아가 마련한 잔치에 참석하고, 제자들을 선교에 파견하면서 맷돌이나 냄비 말고 옷 한 벌만 가지고 가라고 했다. "그래서 구세주의 제자들은 여자들과 우상들에게서 온 빵을 먹었으며, 그들은 빵과 빵, 채소와 채소 사이에 아무런 구분을 하지 않았고, 그들은 먹기 위해 오늘 너희가 하는 것처럼 쉬지 않고 수공업이나 토지 경작에 종사했음을 명심하라!"(『쾰른 대학 마니교 필사본』 93)고 했다.

마니는 세례 집행과 예수의 행적 사이에 존재하는 모순을 들추어낸 다음, 세례 사상이 예수의 고유한 전통과 모순된다고 말한다. 마니가 진술한 첫째 단화短話(apophtegmes)들은 법률의 설립자인 엘카사이의 행실을 밝히는 데 있었다.

하루는 엘카사이가 몸을 씻다가 물속에서 한 인간 형체가, 짐승과 사람들이 매일 목욕하는 것을 보고 화내며 불평하는 것을 보았다. 며칠 뒤 엘카사이가 우물에서 몸의 때를 씻는데 그 인간 형체가 다시 나타나 "우리와 바닷물은 하나다. 너는 과오를 범하고 우리에게 상처를 주기 위해 또 이곳에 왔구나"라고 말했다. 엘카사이는 그를 내버려 두었다. 문헌은 "그의 머리에 묻은 진흙을 말렸다"고 첨언한다(『쾰른 대학 마니교 필사본』 96).

엘카사이는 씻는 예식을 더는 행하지 않았으며 농사에도 소홀했다. 어느 날 그가 땅을 일구려고 쟁기를 잡는데 땅이 탄식하는 소리를 듣게 되었다. 그는 자기에게 말하는 흙 한 덩이를 쥐고 울면서 입맞춘 다음 품속에 넣으면서, "내 주의 살과 피를 보라!"고 외쳤다(『쾰른 대학 마니교 필사본』 97). 또 제자들이 빵 굽는 것을 보다가 빵이 그에게 똑같이 말하는 것을 듣고 제자들에게 빵 굽기를 멈추라 명했다.

예수와 엘카사이의 명예를 걸고, 엘카사이 종교 사상을 반대하는 마니의 혹평diatribe이 담긴 『쾰른 대학 마니교 필사본』의 내용은, 그가 죽은 다음에 새로운 (엘카사이들의) 개종자들을 포섭하려고 쓴 자기 합리화이기는 하지만, 마니가 천상 동반자의 방문을 받았다고 주장한 그 시대에, 엘카사이 세례 공동체를 지배하고 있던 긴장된 분위기를 반영하고도 남는다.

8. 예언자들의 봉인

마니를 이상화한 전기에서 천사 타움Tawm의 두 번째 발현은 엘카사이 종교와의 단절인 동시에 마니 종교의 탄생을 뜻한다.

이븐 안-나딤은 『알-피흐리스트』에서 이 사건을 다음과 같이 묘사한다: 마니가 만 24세 때, 타움이 그에게 와서 "보라! 네가 너를 드러내어kharaja 너의 권한을 선포할 때가 왔노라" 하고 말했다. 이슬람 저자가 인용한 말은 원천 문헌 『샤부라간』에서 따온 발췌문임이 분명하다. 그 문헌에는 천사가 마니의 공현公現을 장엄하게 선포하고, 그가 선교 사명을 받았음을 공포한다.

> 마니여! 나와 나를 보낸 분의 평화를 너에게 알리노라. 그분이 너를 사도직에 간택했으니, 보라! 너의 소임은 사람들을 너의 진리로 불

러들이는 것이니라. 너는 그분의 이름으로 진리의 복음bushra al-haqq을 선포하리니 너는 그 일에 전력을 다할 것이니라.

마니가 어린 시절부터 몸담았던 종교에 종말을 고하고 새로운 종교의 창시자로 사도직을 시작한 사실은, 대중화된 환시·묵시적 언어로 묘사된다. 이러한 묘사만이 그 당시 사람들에게 종교적 혁신의 진상을 믿게 할 수 있는 유일한 문체文體였던 것이다.

알-비루니는 『알-아타르』에서, 『샤부라간』 권두에 나오는 마니의 성언聖言(logion)을 인용하는데, 이는 사도직의 신학적 내용에 관한 것이다.

> 지혜hikma와 인식'ilm(필사본에는 a'mal)은 하느님의 사도들이 모든 시대에 걸쳐 끊임없이 가져왔노라. 이같이 지혜와 인식은 (지난) 세기에 한 번은 알-비다다al-Bidada(佛陀)라는 사도의 중개로 인도 지역에 발현되었고, 또 한 번은 자라다스트Zaradasht(조로아스터)의 중개로 페르시아에, 그리고 또 한 번은 이사'Isa(예수)의 중개로 서방에 발현했노라. 그 뒤로 현 세기에 이 계시가 내려왔으니, 이 예언은 진리의 하느님의 사신인 마니, 나의 중개로 바벨에 발현되었노라.

마니는, 무엇보다도 유다-그리스도인들이 애독한, 천상 계시를 집행하는 묵시문학의 영웅으로 자신을 소개한다. 그다음으로는 복음서들이 표현한 종말론적 어구들을 사용하여 자기 계시의 목표, 곧 그가 다른 종교를 창설할 결심을 명확히 한다. 그 내용은 세상의 종말이 가까이 옴, 이 종말을 선언하는 기쁜 소식의 선포, 사도직의 선출, 곧 간택된 사도가 전하는 기쁜 소식을 받아들이기로 결심한 사람들이 모인 교회 등이다. 이 모든 점에서 마니는 예언자적 의식을 가지고 팔레스티나 땅 도처에서 하느님 나라가 가까이 왔다고 기쁜 소식을 외치는 예수를 모방하여, 자기도 열두 제자를 선교宣敎에 파견할 결심을 한다. "그대들을 받아들이는 이는 나를 받아들이고, 나를 받아들이는 이는 나를 보내신 분을 받아들입니다"(마태 10,40). 마니와 예수의 선교 여정은 동일하다. 예언자적 의식에 사로잡힌 선교 정신을 지녔다.

그러나 그들은 예언자적 행위의 본질에서 상당한 차이점을 드러낸다. 복음의 예수는 물세례를 통해 회개를 선포한 세례자 요한과 구분하기 위해서 파라클레토스가 보낸 불세례의 기쁜 소식을 선포했다. (복음의 예수가 소명을 받은 그 나이에) 마니가 전파한 기쁜 소식은 희망을 선포한 것이 아니라, 그 희망은 벌써 이루어졌고 예수가 선포한 희망이 자기, 곧 마니를 통해서 실현된다는 것이다. 결국 마니가 아람어 스물두 문자로 쓴 복음에는, 알-비루니가 『알-아타르』에 인용했듯이 바로 자신이 그리스도가 선포한 파라클레토스이며 예언자들의 봉인封印(마지막 예언자)이라고 한 것이다.

예언자들의 봉인에 대한 교리는 엄격한 의미에서 유다-그리스도교 사상에 바탕을 둔다. 젊은 예수가 유다 메시아 사상에 친숙했듯이, 젊은 마니도 이 사상에 친숙했던 것이다.

마니가 예언론적 교리를 끌어낸 것은 엘카사이교에서만이 아니다. 만일 마니가 유다-그리스도교화한 세례를 두고 예언자들, 첫 사도들, 인류의 현인들, 유다인의 신화적 민속 영웅들 — 아담, 도구의 발명자이며 인류의 혼란을 일으킨 카인족을 대적한 거인 셋Seth —

이 창시한 구원이 예수를 통하여 완성되었음을 인정했더라면, 구세사의 신학은 아담에서 노아의 아들 셈Sem까지의 유다 전설에만 국한되었을 것이다. 그러나 마니가 예언론 도표圖表(schéma)에 가져온 가장 큰 변화는, 이 도표를 유다적 또는 유다-그리스도교 관점에서 해석하기를 거부한 데 있다. 그의 도표는, 한편으로는 인류가 사는 땅 전체 — 그리스어로 *oikoumenê* — 로 확장되고, 다른 한편으로는 도표 자체를 자신의 인격 안에 합류시킨다.

마니교 문헌과 이슬람 반이단론에 기록된, 분석적 일람표의 예언자 목록을 우리는 다음과 같은 체계적 일람표로 배열할 수 있다. 이 일람표는 마니가 엘카사이교와 단절한 시대에, 마니가 만든 도표와 같다.

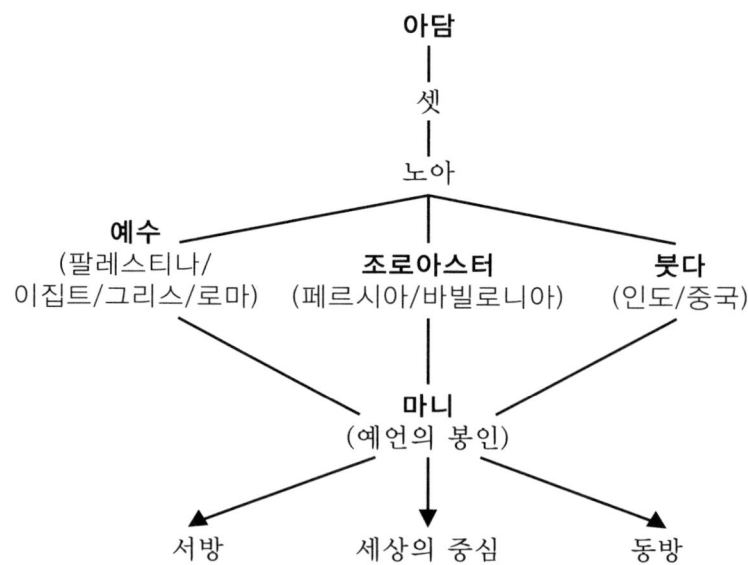

마니가 처음으로 『샤부라간』에 그린 도표는 이러한 정신을 담았고, 그가 쓴 『거인들에 관한 책』도 분명히 이 도표와 관련된 것이다. 만일 『샤부라간』에서 창세기의 전설적 이름들을 전혀 인용하지 않았다면, 이는 그 책을 바치는 사람(샤부르 1세)에게 환심을 사려는 외교적 전술 때문일 것이다. 사실상 유다 문화는 샤부르에게 낯설었기에, 다만 세계 삼대 종교의 계시자들만 목록에 넣는 것으로 만족했다. 그리고 예언자 마니는 이란의 군주에게 그의 새 왕권이 온 세상의 정치적 지배를 약속받았고, 자기가 그의 직속 신하의 한 사람으로서 붓다 · 조로아스터와 예수의 영적 상속인이 되어, 우주적 종교를 창설하는 시점에서 자신의 종교가 왕권을 용이하게 하리라고, 왕을 설득시킬 방도를 찾은 것이다. 그의 예언론은 전 세계의 지혜와 학문 — 중페르시아어로 xrad ud danishn — 을 다 포괄한다. 씌어지지 않은 전승(조로아스터, 붓다, 예수)과 씌어진 전승(묵시서들)에 속하는 전 인류의 옛 현인들이 마니 사상의 핵심을 차지한다. 마니의 독창성은 이원론적 교리 구성이 아니라 — 그 교리는 제자들의 작업이었다 — 우주적 · 보편적 예언론에 기반을 둔 교회론을 모색한 데 있다.

그러한 예언론은 단연코 반엘카사이적이며, 따라서 반유다적이다. 그 특징은 무엇보다도 그의 교회 설계에서 유다인들의 역사적 민족주의의 대표적 인물들을 모두 제거한 사실에서 분명히 드러난다. 앗-샤라스타니Al-Shahrastani가 『알-밀랄』(종교들)의 목록 속에[13] 아브라함을 무함마드와 같이 언급한 이유는, 이슬람 반이단론자들이

---

[13] Al-Shahrastani는 헤지라 467/서기 1076년에 호라산(쿠라산)에서 태어나 헤지라 548/서기 1153년에 사망. 그의 대표적 작품 『알-밀랄 왈-니할』(*al-Milal wa-l-nihal*)은 이른셋(73) 이단에 대한 이슬람 논박서다.

분명히 『코란』에 하느님의 사신들을 나열하고 이슬람 창시자에게 "예언자들의 봉인"이란 칭호를 수여했기 때문이다.

반엘카사이 사상이 일어난 동기도 전례와 신앙을 구원의 표준으로 삼는 것을 배척한 데 있다. 『샤부라간』에 따르면, 마니는 예수와 똑같이 최후 심판의 판결 기준을 설정한다(마태 25,31-46: 전체 구절이 그대로 『샤부라간』에 반복된다). 구원은 계율의 준수나 정통 교리와의 일치에 달려 있는 것이 아니다(여기서 마니교 교리의 문화적 융통성이 드러난다. 그리스도교뿐 아니라 여러 지역에 퍼져 있는 조로아스터교·마르치온교·불교·도교도 마찬가지다). 인간의 구원은, 마니교 신자든 비신자든 ― 마니가 샤부르 왕에게 이야기하고 있음을 기억하자! ― 누구나 종교인들을 위하여, 곧 교회의 신자들을 위하여 완수한 자비의 행위에 따라서 결정된다. "너희는 내가 헐벗었을 때에 입을 옷을 주었고, 내가 병들었을 때에 나를 돌보아 주었고 내가 감옥에 갇혔을 때에 나를 해방시켰다. 내가 추방되어 헤매고 다닐 때에 나를 너희 집에 영접했다."

마니교 교회론의 반엘카사이 사상은 (따라서 반유다 사상은) 예수와 마니 그리고 바울로 사도에 대한 언급에 나타난다. 『샤부라간』은 분명히 이 언급을 기록하지 않았다. 그러나 마니가 죽은 직후에 씌어진 마니교 직접 원천들 ― 『케팔라이아』, 『쾰른 대학 마니교 필사본』, 『강론』 제3장, 『시편』 ― 은 전부 바울로의 이름을 언급한다. 마니는 생의 말년에 왕정에 예속된 배화교 당국의 명령에 따라 냉혹한 탄압을 받으면서, 자신의 운명이 박해받은 모든 예언자들, 곧 예수는 물론 그의 제자들과 그리스도교 첫 순교자들 ― 마니교 『시편』에는 그들 중 다수의 이름이 나타난다 ― 과 같은 운명을 겪게 되었음을 의식한 것이 분명하다.

마니의 바울로 사상이 이차적이며 나중에 삽입된 요소라고 믿는 다면 그것은 잘못이다. 반엘카사이적 입장을 취한 마니가 율법을 파기했다는 이유로 동종자同宗者들이 바울로를 미워하고, 그의 서한과 책들을 정경에서 배제했는데, 반엘카사이 입장을 취한 마니가 그러한 바울로를 모를 리 없었다. 과연 그렇다면 마니는 아주 일찍이, 경전 — 원본이든 아니든, 정경이든 아니든 — 에서 다마스쿠스로 가는 도중에 갑자기 회개하고, 제삼 천국에 들어가고, 서방으로 향한 선교에 대하여 이야기하는 바울로의 인격에 감격했을 만하다. 마니가 환시자가 되고 사도의 성소를 받았다는 기록은 자기 제자들의 학원에서 작성한 것이다. 『쾰른 대학 마니교 필사본』 48-59에 보존된 바라이에스의 강론에는 바울로에 앞선 여섯 사신의 목록이 나온다.[14] 그들은 모두 공통적으로 바울로처럼 환시 · 발현 · 황홀을 체험했고, 바울로처럼 그 사실들을 묵시가로서의 자기네 명의로 계시서들에 기록했다. 바라이에스의 강론은 여섯 사신 각자에게 하나 이상의 발췌문을 할애하여 인용한다.

마니가 새로운 종교의 창시자가 된 결정적 이유를 두 가지로 요약하면 다음과 같다.

첫째, 마니는 지키기 어려운 종교 실천, 곧 엘카사이의 세례주의 형식을 계승한 유다적 율법주의를 예수의 이름으로 배격했다. 그 결과 마니는 엄한 종교적 실천을 계속하기 위해 "구세주의 계명에 낯선", 곧 계명의 울타리로 둘러친[15] 교리를 거부한다.

---

[14] 바울로에 앞선 여섯 사신들은 아담, 세텔(셋), 에노스, 셈, 에녹, 예수다.

[15] 하느님의 계명을 울타리로 표현한 것은 유다 랍비문헌에 자주 나타난다. 특히 『랍비 나탄의 교부들』(*Avot de Rabbi Nathan*) A 원문 제1장을 보라.

둘째, 신약성서와 바울로의 이름으로 씌어진 외경들에 나타난 바울로의 본보기에서 영향을 받는다. 이 외경들의 영향으로 마니는 근본적으로 유다-그리스도교의 첫 예언론을 깊고 철저한 세계종교 oecuménicité로 개작한다.

예언자들의 목록 — 인류의 사도들[16]

『시편』142-143	아담 셋	에노스 노아 셈	에녹[17]			예수	바울로	마니
『강론집』III	아담	에노스 셈	에녹		예수	바울로	조로아스터 붓다	마니
CMC[18] 48-63	아담 셋	에노스 셈	에녹				바울로	마니
『케팔라이아』I	아담 셋	에노스 에녹	노아 셈	붓다	조로아스터	예수	바울로	마니
M 42[19]					조로아스터 붓다	예수		
중국어『법의략』				노자	붓다			마니
『거인』[20]	셋				조로아스터 붓다	그리스도		
M 299a	셈/셋 에노스 에녹							
이븐 알-무르타다[21]	아담 셋		노아	붓다	조로아스터	예수		마니
앗-샤라스타니[22]	아담 셋		노아	아브라함 붓다	조로아스터	메시아	바울로	무함마드
알-비루니				붓다	조로아스터	예수		마니
아브달-자바르[23]	아담 셋		노아		조로아스터 붓다	예수		마니

---

[16] 독자들은 우선 구약성서의 예언자들과 그 이후의 예언자들의 배열 순서에 착안할 것이다.

[17] 에녹이 노아와 셈 뒤에, 곧 에녹이 노아의 홍수 이후에 생존했다는 것은 전설에 따른 것이다. 『에녹 3서』(슬라브어)를 보라.

[18] 『쾰른 대학 마니교 필사본』.

[19] 파르티아어 필사본 단편.

[20] 완전한 제목은 『거인들에 관한 책』(Livre des Géants). 87쪽 참조.

[21] Ibn al-Murtada, 아랍 저술가, 헤지라 764/775년(서기 1363/1374년) 탄생, 헤지라 840년(서기 1437년)에 사망. 그의 거대한 저작 『알-바흐르』(al-Bahr, 약명)가 담은 마니교 교리에 대한 논박은 19세기 마니교 연구(K. Kessler)에 중요한 참고 자료였다.

9. 여행과 선교

예수와 바울로의 이름으로 엘카사이교와 관계를 끊은 마니는, 예수 그리스도의 사도 바울로를 모방하여 현장의 사도가 되었다. 이 단절과 사도직 사이에는 과도기가 없었다. 마니는 비밀스러운 은둔생활을 하며 새로운 형이상학이나 새로운 신학의 거대한 설계를 모색하지 않았고, 한 종교를 창설하기 위해 법적 제도를 모색하지도 않았다. 바빌로니아 세례주의자들과 관계를 끊은 그는 곧바로 육지와 바다를 향해서 갈 길을 떠났고, 그의 종교는 활기에 넘쳤다.

그래도 바울로와 마니의 사도직 사이에는 차이가 있었다. 내용면에서, 바울로는 죽었다 살아난 그리스도를 설교했고 그것이 예루살렘의 첫 그리스도교 공동체의 신조였지만, 마니는 자기가 예언자이자 "예언자들의 봉인"(마지막 예언자)임을 역설하고 그 자신 예수의 복음들이 가르친 파라클레토스로서 신앙과 희망을 가져다준다고 했다. 그들의 사회적 배경도 다르다. 타르수스의 바울로는 그리스 교육을 받은 로마 제국의 시민이다. 그는 일관된 전략으로 서쪽을 향해 선교를 떠나는데, 그리스 주민들에게 가기 전에 먼저 각 도시의 한 구역에 집단적으로 살고 있는 유다인들에게 복음을 전하는 것이 그의 첫 선교 사명이었다. 그러나 마니는 유다-그리스도교 교육을

---

[22] 각주 13 참조.

[23] Abd al-Jabbar는 헤지라 322년(서기 934년)경에 이란의 메디아에서 탄생하여 헤지라 415년(서기 1025년)에 사망했다. 그는 마지막 무타질라 신학자로 무수한 저작을 남겼는데, 그 가운데 20권(16권만 보존됨)으로 된 『알-모그니』(al-Moghni)에서 그리스도교와 마니교를 비롯한 이슬람 이전의 모든 종교적 교리를 비판한다.

받은 바빌로니아인으로서 이란 시민권이 있었고, 코카서스(카프카스)와 인도 사이에 분포되어 사는 유다-그리스도인 공동체에 자기의 교리를 심을 수 있을지 살필 겸 이란 세계를 알고자 답사를 떠난다.

이 시골 사람은 도시들과 상업대로들을 발견한다. 셀레우키아-크테시폰Seleukia-Ctesiphon에 이르러 강수량의 증가로 티그리스 강을 건널 수 없게 되자, 그는 동행한 두 명과 함께 시파르Sippar 근처에 있는 나세르Nasêr(Nasir)라는 마을로 피신한다. 그곳에서 그는 종교 창설자로서 동행한 아버지에게 세례주의자들의 율법이 이젠 자신의 법이 아님을 선언한다. 그리고 마니의 동행인들은 티그리스 강을 건너 셀레우키아-크테시폰 동북쪽에 있는 디얄라 강을 넘어 북쪽 메디아의 산악지대로 향한다. 그곳에서, 아제르바이잔 지역의 우르미아 호수 남쪽에 있는 간자크Ganazak(Ganzak)의 광산 지역에 이른다. 마니는 이곳에서 어떤 부잣집 딸의 병을 치유한다. 또한 이곳에서 코카서스 지방(아르메니아, 게오르기아)에 성공적인 선교사들을 보냄으로써, 교회 제도를 태동시킨다. 그다음 세기에 이 지역이 그리스도교로 개종했다는 공식 역사 기록은 이 지역에서 활동한 마니교의 선교 행전을 되풀이한다. 예를 들면 왕이 사냥하는 도중에 개종한 이야기, 왕실 가족들의 병을 치유한 이야기, 이교인들과의 논쟁 이야기 등이다.

마니는 아버지와 함께 아제르바이잔의 주석朱錫 상인들의 길을 따라서, 이 금속을 정제한 간자크 시에서 페르시아 만에 있는 메센의 항구 파라트Pharat까지 횡단했다. 아랍 상인들은 이 주석을 파라트에서 인도, 곧 인더스Indus 강 어귀에 있는 데브Deb(Daybul)로 운반했다.

이 여정은 벌써 2세기 전에 토마 사도가 밟은 여정과 같다. 소규모 그리스도교 공동체들이 이 먼 길을 지나, 호르무즈Hormuz 해협의

양쪽에 자리를 잡고 있었다. 전설에 따르면, 토마 사도는 처음에 예수가 명령한 선교 파견에, "나 같은 유다인이 어떻게 인도 사람들에게 갈 수 있느냐?"면서 완강히 거부했다고 한다. 토마 사도의 놀라운 여행담을 잘 아는 마니는, 자진해서 자비自費로 선행자가 간 행로를 밟아 간 것이다. 결국 마니는 첫 선교 여행 때, 파르스Fars와 투란Turan 사이에 분포된 그리스도교 공동체들을 만난다. 이것이 그의 여행 목적이자 취지였지 불교를 공부하기 위해서는 아니었다.

『토마 행전』이 토마 사도가 지방 전제군주와 소왕 곁에서 큰 성공을 거두었다고 한 것처럼, 마니교 성지聖誌(hagiographie)는 마니를 두고 유사한 선교 역사를 만들어 냈다. 파르티아어 필사본 단편(M 48)은 마니가 투란 지방의 불교도 왕을 어떻게 개종시켰는지 이야기한다. 마니가 공개적으로 공중부양(lêvitation)[24]을 시행하는 동안 어떤 가상의 참견자가 그의 참된 지혜를 인정하게 되었고, 나중에 마니는 왕에게 불려가 자신의 선교 계획을 아뢰었다. 투란의 왕Turanshah과 귀족들azadan이 이 계획을 듣고 기뻐하며 마니와 그의 종교에 호감을 가지고 믿게 되었다. 그다음에 왕정에 속한 몇몇 가족들도 개종했다. 마니가 그 자리에서 하직하려고 다시 공중에 떠오를 때 무릎을 꿇은 왕을 마니는 자기에게 오라고 부른다. 투란의 왕도 공중에 떠올라 그를 맞아 포옹하면서, "당신이 붓다요"라고 선언한다.

인도 선교는 길어야 2년을 넘지 않은 짧은 기간이다. 불교 세계에 마니교를 부식扶植한다거나 개종자들을 모색했을 가능성은 전혀 없

---

[24] 『엣센스 영한사전』에 "공중부양"(空中浮揚)으로 번역되었으나, 이 풀이는 정확하지 않다. 『불중(佛中)사전』은 경승(輕昇-lévitation)으로 옮겼다. 『삼화 불한(佛韓)사전』의 "【심령술】 영매(靈媒)의 힘으로 사람[물건]이 공중에 떠오르는 것"이 그 풀이로 적당하다.

다. 마니교 전설에서 마니에게 돌린 눈부신 개종 업적이 사실과 거리가 멀다 해도, 그의 선교는 그리스도인들의 세계에서 얼마간 성공을 거두었을 것이다. 실제로 다른 파르티아어 필사본 단편(M 4575r)[25]에 따르면, 마니가 레브-아르닥시르Rew-Ardaxshir에 돌아와서 파텍(첫 개종자인 그의 아버지)과 요한Hanni 형제를 보내어, 자신이 갓 창설한 새 공동체를 돌보게 했다.

첫 선교사의 활동과 그에 대한 연대는 콥트어 문헌 『케팔라이아』에서 가장 중요한 정보를 제공한다.

> 아르탁소오스Artaxoos(Ardashir) 왕의 마지막 해에, 나는 설교하기 위하여 바다jiore를 건너 인도 지방에 다다랐다. 나는 그들에게 삶의 희망을 설교했고, 나는 그곳에서 좋은 "선정"選定[26] — 공동체, 교회와 동의어 — 을 이루었다.[27] 그러나 아르탁소오스 왕이 사망하고 그의 아들 사포레스Saporês(Shabuhr 1세)가 왕위에 오른 그해에, 나는 인도를 떠나 바다를 건너 페르시아 땅에 돌아왔고, 페르시아 땅에서 다시 바빌로니아 땅으로 가서 메센과 수사 지방[28]에 도착했다. 내가 사포레스 왕을 찾아갔을 때 그는 나를 성대하게(직역: 큰 영광 속에) 영접하고 내가 그의 (전) 지역을 왕래하면서 생명의 말씀을 설교할 수 있게 허락했다. 그 뒤 나는 여러 해 동안 왕의 수행원komitaton과 함께 페르

---

[25] r은 필사본의 전면(recto)을, v는 후면(verso)을 가리킨다.

[26] 콥트어로 *mntswtp*, 곧 "선정(選定)됨"을 뜻한다.

[27] 직역하면 "선정을 선정했다"(*sotp*)이다.

[28] 셀레우코스 왕국은 옛 엘람 지역을 그리스어로 수시아나 주(州)라 부르고 도읍을 수사로 정했다. 나중에 페르시아 제국은 수시아나에 태수(satrape)를 두어 통치했다.

시아에서 파르티아와 아디아베네Adiabene까지, 그리고 로마 제국에 인접한 지역까지 왕래했다(『케팔라이아』 제1장, 15-16쪽).

마니의 여행을 다룬 『케팔라이아』 제76장은 샤부르 1세와 담화를 나누는 상황을 세세히 서술하고, 마니가 주도한 선교에 대하여 체계적인 도표를 제공한다.

다시, 우리 스승 마니와 우리의 빛나는 계몽자들이 크테시폰 시市에 체류했을 때 일이었다. 어느 날 사포레스 왕이 마니에 대해서 수소문하고 그를 불러들였다. 우리 스승은 행차하여 사포레스 왕을 예방禮訪한 후 돌아와 자기 교회로 갔다. 마니가 잠깐 그곳에 머물고 있는데, 얼마 안 되어 사포레스 왕이 다시 그에 대하여 수소문하고 그를 불러들였다. 우리 스승은 다시 행차하여 또다시 사포레스 왕을 예방하고 왕과 대화하면서, 하느님의 말씀을 알리고 돌아서서 자기 교회로 돌아왔다. 다시 세 번째로 사포레스 왕은 그에 대하여 수소문하고 그를 불러들였다. (우리 스승은) 또다시 왕에게 돌아갔다. … (그리고 마니는 선언하기를) "내가 배를 타고 바다를 지나가자 온 인도 땅이 진동했다(성공을 거둔 기간 다음에는 위정자들의 반대로 역경을 겪었다). 나는 다시 바다를 가로질러 인도 땅을 떠나 페르시아 땅에 도착했다. (성공 다음에 역경) 나는 페르시아 땅에서 나와, 메센 시 … (여기서 파피루스는 공백이다; 성공 다음에 역경). 여기서 나는 바빌로니아 땅에, 아시리아인들의 도시 … (성공 다음에 역경은 무엇보다도 종교들dogmata의 권력자들 때문이라고 하는데, 그들은 배화교와 그리스도교 성직자들이었다고 생각한다). 이 지역에서 나는 엄청난 투쟁을 했다. 그래서 나는 아시리아인들을 떠나 다시 메디아와 파르티아 땅에 왔다. 여기서 나는 지혜의 성시聖詩를 읊었다."

이 두 원문이 제공하는 상황들과 다른 곳에서 알게 된 자료들을 종합해 보면 다음과 같은 점에 주목하게 된다. 그가 인도의 투란 산맥 지대에서 선교를 끝낸 시기가 243년 초였다는 게 거의 확실하다. 마니는 그곳에서도 다른 곳에서처럼 성공과 역경을 거듭하다가, 데브Deb에 한 공동체를 세우는 데 성공했다. 파르티아어 필사본 단편(M 4575r)과 『케팔라이아』 제1장에는 이 점이 공통적으로 들어 있다. 마니는 투란 지역으로 갈 때와 같은 행로를 따라 바다를 가로질러 다시 돌아온다. 돌아오면서 그는 파르스 주 레브-아르닥시르의 땅에 발을 들여놓는다.

 그곳에서 그는 페르시스 지방을 가로질러 수사 지역, 메센, 바빌로니아와 도시들Seleukia-Ctesiphon을 여러 번 왕래했다. 그 모든 지역에서 그는 옛날 세례주의자들과 논쟁하느라 분주했다. 그가 입교시킨 새 신자들 가운데 교양 있는 아람인들이 있었는데 그들은 도시 사람들로서 여러 나라 말에 능통한 사람들이었다(암모Ammo, 아다Adda, 시스Sis). 그들은 마니의 가장 가까운 협력자가 된다. 마니는 지도층 — 이란인들과 배화교인들 — 과 왕자들, 지방 집정관 태수들과 접촉하면서, 마니교 성지聖誌의 저술 내용처럼 그렇게 장황한 개종 업적을 기록하지 않았지만, 예언자는 스스로 그들과 신뢰 관계를 맺는다. 이 신뢰 관계를 맺은 사람들 가운데 왕의 형제 페로즈Peroz가 있었고, 마니는 그를 통해 왕실과 접견할 기회를 가지면서 자신과 제자들을 위한 통행증을 얻어 낸다(253년). 마니교 신자들은 "왕들의 왕"과의 회견을 마치 그들의 종교가 공적인 인정을 받은 것처럼 잘못 해석한다. 이븐 안-나딤이 수록한 마니교 전통은, 양 어깨에 두 등불을 놓은 영광의 붓다처럼 위엄 있게, 예언자가 접견실에 들어간 사실을 묘사한다.

마니는 티그리스 강 서쪽 크테시폰 맞은편 베-아르닥시르에 자리를 잡고, 왕의 의향에 따라 자신의 종교 원칙들을 요약한 『샤부라간』을 집필하고 교회 제도를 확립하며, 제자들이 "세상 사방四方"에 가서 선교할 계획을 짠다. 그는 서쪽으로는 로마로 가는 행로의 첫 구간들인 팔미르Palmyre와 이집트에 아다와 파텍을 보낸다. 동북쪽 파르트와 호라산으로는 암모를 보내어, 아바르샤르Abarshahr (Nishapur), 메르브Merw와 쿠샨 지역까지 가게 한다. 전문가들은 아직 아라비아 동북쪽 하타Hatta에서 서남쪽 아라비아 반도 끝까지 대상인隊商人들의 도시에 파견된 선교사들에 대한 관계 자료를 발견하지 못하고 있다.

마니는 서북쪽에서 우선 베트-가르마이Beth-Garmai와 아디아베네를 책임지고, 이미 그곳에서 아다와 아브자키아Abzaxya가 케르쿡Kerkouk에 세운 공동체를 격려하고, 모술Mossoul 지방에 다른 많은 자매 공동체를 세웠다. 그다음 베트-아르바예Beth-Arabaye와 투르-아브딘 Tur-Abdin, 곧 『케팔라이아』 제1장에 따르면 로마 제국 국경 지대까지 이르렀다고 한다(264~270). 이곳들은 시리아어를 하는 그리스도인들의 중심 지역이다.

270년 마니의 종교는 이란 전역에 세워졌다. 밖으로는, 『케팔라이아』 제1장에서 말한 대로 "선교의 망網이 동쪽에서 서쪽으로 퍼져 나갔고", 마니는 덧붙여 "인간이 사는 곳이면 어디나 세상의 동쪽뿐만 아니라 북쪽에서 남쪽까지 나의 희망(elpis: 교회와 동의어)이 도달했다. (내 앞의) 어느 사도도 이런 일을 한 적이 없다"고 말한다. 그런 의미에서 『케팔라이아』 제76장이 선언하는 바대로 마니는 "세상을 발끝으로(의역: 뛰어서) 편력했다". 이 사실로, 마니가 30년 동안 세상을 떠돌면서, 예수가 "세상의 네 지방klimata에 가라"고 명한 말을 문자 그대로 실천하는 데 성공했다고 볼 수도 있다.

마니는 이 "네 지방"의 선교론missiologie을 자신이 수록한 복음 구절들의 최종 결과로 보았고, 그리하여 그가 사용한 외경 『사도행전』의 기초인 "네 지방의 선교"는 마니교의 전 교회적·실천적 예언론의 지붕이 된다. 다시 말해 마니가 생각하고 만들어 낸, 또한 체험한 마니교 사상의 핵심이 여기에 있는 것이다. 펠비Pehlevi어 필사본 단편(M 5794)을 보면, 마니는 그가 "선택한"wizidan 종교가 모든 선행 종교보다 더 우수하고 더 바람직한 이유를 열 가지 특징을 들어 제시한다. 선행 종교들은 한 지역과 한 언어를 위한 종교라는 것이 그가 내세운 첫째 이유였다. 그러나 그의 종교는 모든 지역과 모든 언어를 포용하며 이역에서도 가르칠 수 있는 종교라고 한다.

이 문구는 단 한 번만 씌어진 것이 아니다. 마니는 제자들에게 이 중심 개념을 끊임없이 반복했다. 『케팔라이아』 제154장에 더 발전된 표현이 나온다. 이 콥트어 원문은 마니의 교회적·선교적 구상을 놀라우리만큼 잘 요약했다.

> 서방에 교회를 선정eklogê하고 동방까지 미치지 못한 예수. 동방에 교회를 선정하고 그 선정이 서방까지 미치지 못한 붓다. 나의 희망은 (나의 교회를) 통치하여 (그 교회가) 서방까지 오고, 또한 동방에

도 미치게 하는 것이다. 나의 설교 소리는 모든 언어로 들을 것이며, (나의 설교는) 모든 도시에서 선포될 것이다. 나의 교회는, 이전에 존재한 교회들보다 더 우월할 것이니, 이는 이전에 존재한 교회들이 특정한 장소와 특정한 도시를 위하여 선정되었기 때문이다. 내가 통치하는 나의 교회는 모든 도시에 미칠 것이며, 그 기쁜 소식은 모든 지방에 닿을 것이다.

10. 만년

샤부르 1세가 세상을 떠났을 때(272/273년경), 마니는 사산 왕조의 수도를 자기 종교의 근거지로 삼고 공동체의 조직망을 그 수도뿐 아니라, 제국의 가장 먼 지역까지 펼쳤다. 그래서 이란은 "왕들의 왕"이 결정만 하면 하루아침에 마니교 국가로 변할 수 있었다. 그러나 그것이 긍정적 현실이 될 수 없었던 이유는 아르다시르의 아들과 손자들이 조로아스터교에 빠져 있었기 때문이다. 그들의 국교를 배화교 제관祭官들이 관리했던 것이다.

호르미즈드Hormizd 1세가 부친 샤부르의 왕좌에 오르자, 마니는 오로지 종교 지도자로서 선교의 성공과 교회의 장래가 정치적 결정 여하에 달려 있다는 사실을 깨닫고 서둘러 수도로 입성한다.

그는 아마도 그곳에서 사건의 경과를 기다리며 그냥 있지는 않았을 것이다. 오히려 아첨도 하고 모략도 했는데, 그러면서도 마음을 놓았던 것은 왕실의 가족들과 시종들이 그와 친했기 때문이다. 부친의 관용 정치를 계승한 호르미즈드는 처음에는 마니에게 호의적이었으나, 죽기 몇 달 전에(273년경?) 종교에 대한 결정적 법규를 변경할 때 왕으로서 아무 개입도 하지 않음을 본 마니는 어느 정도 실망했을 것이다.

호르미즈드의 동생이자 계승자, 바흐람Vahram 1세 집정 후 몇 년 동안은 현 상태가 유지되었다. "쾌락에 굶주리고 생기가 적다" — 이란 학자 크리스텐센A. Christensen의 표현 — 고 묘사되는 이 왕자는 차츰 자기 실권을 공직에 있는 제관, 곧 그 당시 이란을 지도하던 사람들 가운데 하나인 키르디르Kirdir의 손에 맡겼다.

이 키르디르는 마니라는 사람과 그의 소행을 심판하기 위하여 바흐람 1세의 집정 때까지 그저 기다리고만 있지는 않았다. 샤부르 1세의 수행원comitatus으로 배화교의 제관이며 교육자였던 키르디르는, 이미 오래 전부터 왕정王廷의 첫 외랑外廊에서 조로아스터·붓다·예수를 한 깃발 아래 모은다고 자처한 이 새로운 종교의 탄생과 확장을 지켜보고 있었다. 일찍이 이 헤르바드의[29] 의심을 사게 된 것은, 마니도 자기처럼 왕에게 아부하고 자기 일을 위하여 왕자들과 또 지방 집정관들과[30] 단합하여 제국의 행정을 포섭하려 한다는 것, 한마디로 언젠가는 전통 종교인 배화교를 자기 종교로 대치하고 마침내 외국에서 온 이 유일한 종교의 유일한 장관長官이 되려는 음모를 꾸미는 것을 목격했기 때문이다.

키르디르의 비문은 옛 페르세폴리스Persépolis 부근에 있는 낙시 루스탐Naqshi Rustam의 "카바이 자르두스트"Ka'ba-i Zardusht 속에서 발견되

---

[29] 배화교 교계의 칭호로, 헤르바드는 성전의 배화 예식을 책임지고, 모바드는 국가의 사법·교육·행정권을 행사한다. 그러나 전자가 유능하면 후자를 대행하는 때도 있다.

[30] 지방 집정관을 "왕"이라 부른다. 그래서 이란 황제를 "왕들의 왕"이라고 불렀다.

었다. 이 비문을 보면, 샤부르의 헤르바드가 모바드 — 배화교계의 최고 인물 — 로 승진했고, 아르다시르의 손자가 집권할 때 정교正敎(orthodoxie)를 수립했다는 기록이 명확하다. 키르디르가 남긴 배화교를 위한 많은 영광스런 행적들의 기록 가운데, 그가 선언한 다음의 사실을 읽을 수 있다.

> 나는 이란 땅에 불(火)과 제관mages들의 수를 번성시켰다. 안이란[31] 나라들에도 불과 제관들이 있었고 그곳에 "왕들의 왕"(에 속한) 말(馬)과 사람(使臣)들이 주둔하고 있었다. … 안티오키아 나라 … 시리아 주州 … 타르수스와 킬리키아 지방 … 케사레아 시와 카파도키아 지방 … 아르메니아 나라 … 알바니아 … 나는 "왕들의 왕"의 명령을 받아 이 모든 지방에 있는 배화교 제관과 불 — 배화교 예식 — 들을 조직했다. 나는 약탈을 금지하고 노획한 물품들을 그 나라에 다시 되돌려 주게 했다. 선한 배화교 제관에게는 그 나라에서 계급과 권위를 수여했다. 신분에 맞지 않은 생활을 하는 제관들 가운데 이단적이고 퇴폐한 사람들에게는 벌과 질책을 내렸다. 그들은 행실을 바로잡았고, 나는 그들에게 배화 예전 집행과 제관들을 위하여 헌장憲章과 면허증을 주었다. 나는 신들과 "왕들의 왕"의 지지를 얻어 이란 왕국에 많은 배화 예전을 창설하고 근친결혼을 많이 맺게 하며, 신앙을 고백하지 않던 많은 사람들이 신앙을 고백하고, 악마의 교리를 지지하던 많은 사람이 나의 활동 덕분에 악마의 교리를 포기하고 신들의 교리를 신봉했다.

---

[31] "안이란": 배화교의 경전 『분다히슨』 15장에 "안이란"은 "비(非)이란인"을 뜻한다. 여기서도 분명히 같은 뜻으로 사용되었을 것이다.

키르디르는 샤부르 왕을 수행하면서 제국의 국경과 국경 저편으로 병력을 동원하여 평화를 회복한 모든 지역에 정통교회와 엄격한 배화교 법규를 세웠다. 그런데 마니도 같은 시대, 같은 곳, 같은 여건 속에서, 같은 왕의 수행원으로서 평화 회복을 이용하여 자신의 "희망"을 설교하고 자신의 교회를 창설할 기회를 노렸다. 따라서 사산 왕조의 원정은 두 가지 정반대의 사명들이 수반된 것 같다. 한편으로는 외국과의 접촉을 끊고 좌절시킬 수밖에 없는 정통교리로 복귀하는 구심력(키르디르의 개혁)과, 또 한편으로는 외국과의 접촉에서 이득을 얻을 수밖에 없는 "이단론"의 원심력이다(마니의 예언론). 샤부르 시대 이후부터 두 환시가visionnaire들이 개시한 이상론의 싸움에서 키르디르가 점차 정치 세력을 손아귀에 쥠으로써 결정적 승리를 얻는다. 바흐람 1세 치하에서 그는 완전히 정치 세력을 장악한 것 같다.

이제 마니는 무대를 떠날 수밖에 없었고 현세 정치의 거장들이 마니 없이 마니에 맞서서 무대에 섰다. 이 비극에서 패배당하면서부터, 마니는 이미 완전한 패배를 알아차렸을 것이다. 아마도 마니의 서정시들과 강론에 드러나는 비관적 이원론의 첨예화는 이 고통스런 상황 속에서 이해해야 할 것 같다. 마니가 저술한 『거인들에 관한 책』은, 성서의 대중적 이야기를 가장 유명한 묵시(『에녹서』)적 언어, 곧 베일에 감추어진 언어로 씌어졌고, 마니는 여기서 폭군kawan의 비행을 이야기하고 그의 종말과 붕괴를 예언한다.

마니의 마지막 여행은, 마치 연극 장면과 같이 그가 어린 시절과 성년 시절을 보낸 곳, 그리고 그의 교회가 탄생한 곳들을 찾아간다. 그래서 그는 우선 바빌로니아 공동체를 방문하여 선교에서 돌아온 형제들을 맞이하고, 그들에게 서한·문헌·교훈 등을 맡긴다. 짧은 일정으로 그는 우선 쿠지스탄Khuzistan 지방에 있는 호르미즈드-아르닥시르Hormizd-Ardaxshir — 지금의 수그-알-아흐와즈Suq al-Ahwaz — 에 도착한 뒤 더 멀리 호라산Khurasan 지역으로 갈 작정을 한다(콥트어 『강론집』은 이 점에 대해서 공식적으로 증언한다). 그곳에서 그는 쿠샨에 이르렀다. 쿠샨은 암모Ammo가 정찰하러 간 일이 있는 곳으로, 훗날 그는 그곳에 여러 교회를 세우고 마니교 영주가 되었다. 그러나 마니의 계획은 달성되지 못했다. 이미 당국의 지령이 내려져 마니가 더 전진할 수 없었던 것이다. 그는 메센으로 다시 돌아와 강을 건너 크테시폰에 이르렀다.

그는 바그다드와 다스타게르드Dastagerd의 중간쯤에 있고, 셀레우키아에서 94km 떨어진 콜라사르Kholassar(Artemita)에 들렀다.³² 그 얼마 전에 콜라사르의 바트Bat라는 소왕이 마니교로 개종한 일이 있었다. 콜라사르에서 마니는 수시아나에³³ 있는 베트-라파트Beth-Lapat(Gundeshabuhr)로 와서 바흐람 왕 앞에 출두하라는 명령을 받는다. 헨닝W. Henning은³⁴ 바흐람의 봉신 바트의 개종이 왕을 화나게 했고, 마니를 소환할 결심을 하게 한 직접적인 원인이 되었다고 인정한다.

바트는 마니와 함께 적어도 베트-데라예Beth-Deraye 지방에 있는 가우카이Gaukhai(Jukhi/Jukha)까지³⁵ 잠깐 여행한 일이 있다. 이븐 안-나

---

³² 다스타게르드는 성곽(城郭) 도시를 뜻한다. 디얄라 강 남쪽에 있던 콜라사르도 다스타게르드로 불렸다.

³³ 각주 28 참조.

³⁴ 마니교 문헌 연구에 큰 공헌을 한 독일 학자.

³⁵ 베트-데라예(또는 베트-다라예) 지방은 디얄라 강의 남쪽에서 수시아나 북쪽에 이르는 넓은 지역이다. 가우카이는 지금의 자그로스 산맥 북쪽 (하마단에서 남쪽으로 50km 떨어진) 가우칸이라는 소도시로 추측된다.

딤이 기록한 가우카이 지방의 대중 전승에 따르면, 그곳에 아직 마니교 공동체가 있었고 예언자의 출생지로 알려져 있었다. 틀림없이 마니의 마지막 방문을 기억하는 전승인 듯하다.

마니는 몇몇 형제들과 베트-라파트에 도착했다. 그의 수행원들 가운데는 통역관dragoman 누흐자다그Nuhzadag(누흐의 아들bar-Nuh)와 페르시아인 아브즈키아와 쿠스타이Kustai가 있었다. 경찰이 곧바로 일행을 왕 관저로 연행했다. 마니의 도착 소식을 들은 키르디르는, 전속 부관으로 하여금 사냥에서 돌아와 식사 중인 바흐람에게 마니의 도착 소식을 보고하도록 했다. 바흐람은 부관을 보내 마니를 잠시 기다리게 했다. 마니는 다시 건물 입구에 있는 경비실로 갔다. 식사를 끝낸 바흐람은 식탁에서 일어나 좌우에 사카스Sakas의[36] 여왕과 키르디르의 팔짱을 끼고 마니에게 왔다. 대화가 시작된다.

바흐람: 너는 (여기서) 환영받을 사람이 못 된다.

마니: 제가 무슨 잘못을 저질렀습니까?

바흐람(얼버무리며): 나는 너에게 이 땅에 들어오지 마라고 선언했다 (콥트어 『강론집』에 따르면, 왕은 분노와 경멸에 찬 얼굴로 인상을 찌푸리며 더 많은 말을 덧붙였다). 아이구, 네가 어째서 좋은 사람이겠는가? 너는 군인도 아니고 사냥꾼도 아니지 않느냐? 어쩌면 사람들이 약이나 마약을 복용하기 위해서 너를 필요로 했을 것이다. 그러나 너는 그 일을 할

---

[36] 아마도 페르시아의 태수(太守), 사카스탄(Sakastan), 또는 시스탄(Sistan), 드란지아나(Drangiana), 세이스탄(Seistan)이라고도 부르는 나라의 여왕을 말하는 듯하다. 박트리아(Baktria) 남쪽, 자라(Zara) 호수 동쪽, 헬만드(Helmand) 강 북쪽에 있는 지역으로, 이 태수국의 모계(母系) 통치와 파르티아 황실과의 혼인 관계에 대해서는 벌써 많은 전문가들의 연구 발표가 있었다. E. Herzfeld, *The Persian Empire*, Wiesbaden 1968, 272-3 참조.

능력도 없는 사람이다.

　마니: 저는 잘못한 것이 없습니다. 저는 당신과 당신 가족을 언제나 선하게 대했습니다. 저는 당신의 많은 신하를 악령과 유혹에서 해방시켰습니다. 병을 치료한 사람도 많고 각종 열병에서 구해 낸 사람도 무수하며 죽어 가는 사람들에게 건강을 되찾아 준 적도 많습니다.

　바흐람(벌떡 일어나): 너는 삼 년 동안이나 바트와 어울려 다니지 않았느냐? 네가 그에게 가르친 종교가 무엇이기에, 그가 우리 사람 — 배화교 제관 — 들을 저버리고 네 사람들만 따르느냐? 너는 어떻게 이 사실을 설명할 거냐? 어찌하여 내가 단호히 가라고 명한 곳에 그와 함께 가지 않았느냐?

　진짜 이유는 여기에 있다. 바흐람과 그의 종교 장관은 바트의 개종을 용인할 수 없었던 것이다. 한편, 마니는 호르미즈드-아르닥시르를 떠나 왕이 지정한 거처에, 아마도 수도에서 가까운 곳에 있으라는 결정에 복종하지 않았다.

　이제 마니에게는 빠져나갈 핑계를 찾을 아무 방도가 없었다. 그리고 콥트어 『강론집』은 면담이 신학적 바탕에서 진행되었다고 하지만 그것은 의심의 여지가 많다.

　이제 더 이상 잃을 것이 없는 마니는 바흐람의 태도가 그의 부친 샤부르와는 정반대임을 알아차린다. 샤부르는 마니를 온전히 신임했고, 그에게 글로써 상당한 존경을 표시했다. 마니가 자신에게 쓴 샤부르의 편지를 읽었다는 사실이 이를 뒷받침한다. 그러나 이제는 모든 것이 정도를 벗어났다. 마니는 쇠사슬에 묶이게 되었다. 쇠사슬 하나는 목에, 세 개는 발에, 다른 세 개는 손에, 각각 50kg씩의 무게를 지탱하면서, 그는 간신히 제자들을 면회하며 그들에게 자신의 의도를 전한다. 마침내 며칠 동안 갇혀 있다가 기력이 쇠진한 그는 세상을 떠난다.

마니의 수난(십자가 처형) 추모일과 시간은 콥트어 『강론집』에 기록되어 있는데, 이는 전승 — 4일 동안 재판 + 26일 동안 감금 — 이 지어낸 거룩한 달이지, 역사적 기록이 아니다. 그 밖에 마니의 시체가 어떻게 처리되었는지는 알기 어렵다. 사지를 절단했다, 가죽을 벗겼다, 짚으로 싸서 매달았다, 밖에 두어 짐승들이 갈기갈기 찢어 먹었다, 목을 베어 도시의 성문에 매달았다, 신체를 양단하여 두 개의 문에 못박았다는 등의 얘기가 전한다. 이 모든 세부 묘사는 마니교 성지聖誌에 기록되어 있는데, 이는 위대한 순교자의 행전을 저작할 욕심에서 나온 표현이다.

알-비루니는 보통 연대와 역서 문제에 대해서 많은 말을 하지만, 원천 문헌들이 침묵하거나 서로 맞지 않아 당황했을 것이 분명하며, 마니가 죽은 날짜에 대해서는 전혀 언급하지 않는다. 중앙 아시아에서 발견된 문헌이 언급하는 달과 날짜와 시간은 종교 행사를 위한 달력(역서)일 뿐이다. 그리고 마니가 어느 해에 죽었는지는 아직까지 논란 중이다. 위구르에서 발견한 마니교 연대론은 중국-터키 십이수十二獸 역서를 사용한 것이며, 붓다 마니가 천계로 떠난 해를 돼지(猪 또는 豕)해, 그리스도교 기원으로 274년으로 정한다. 지방 달력과 마니교 고유의 체계에 따라 축일을 기록한 달력을 맞추어 보면, 이론상 276년이지만 277년이 될 수도 있다. 마니가 세상을 떠났을 때 그의 나이는 60대였다.

· II ·
책

1. 마니가 읽은 책

마니는 그가 처한 사회 환경에서 교육을 받으면서, 어려서부터 동부 아람어로 번역된 신약성서, 곧 네 복음서와 바울로의 서간들을 읽었다. 그는 또한 『디아테사론』*Diatessaron*, 곧 네 복음의 『통합 복음서』를 읽었다. 아프리카(서쪽)에서 아우구스티누스 성인이 성서 주해를 둘러싸고 논쟁을 할 때 마니교 학자들은 라틴어 복음을 인용했다. 투르판에서 발견된 필사본 단편에 예수의 비유를 주제로 한 논고를 보면, 마니교가 정반대 방향(동쪽)으로 전파되어 나갈 때 그의 제자들도 벌써 이 『통합 복음서』를 사용한 사실을 알 수 있다. 이 필사본 단편을 연구한 결과, 이 『통합 복음서』는 타티아누스Tatianus가 쓴 『디아테사론』에서 온 것이 아니라는 사실과 이 『통합 복음서』에도 여러 이본異本이 있다는 사실이 알려졌다.

마니는 엘카사이들의 세례주의 공동체에서 사용한 저작들을 잘 알고 있었다. 무엇보다 예언자 엘카사이가 받은 계시서가 있었고, 하느님의 첫 사자들의 권위로 씌어진 다른 계시서들과 환시서幻視書들, 곧 아담·셋·에녹·노아의 묵시록 등이 그 당시 유다-그리스도인들 사이에서 상당히 유행했다.

마니의 정열적 선교 모험담은 그가 그리스도교 아람인들이 좋아하던 『사도행전』들, 즉 요한·베드로·바울로·안드레아·토마의 행전들을 읽으면서 환상·여행·극적 사건들로 가득 찬 공상적(소설적) 설화들과 오랫동안 접하지 않았다면 설명될 수 없을 것이다.

토마 사도의 생애, 특히 그의 운명이 젊은 마니에게 깊은 인상을 주었다. 무엇보다 토마 사도의 전승이 그의 이름이 뜻하는 "쌍둥이" tawm를 "예수의 쌍둥이"로 해석한 것과 같이, 자기도 "예수의 쌍둥이"가 되기를 원했다. 그 전승의 이면에는, 예수가 쌍둥이 토마에게 자신의 비밀 『토마 복음』을 전했고, 먼 동방 인도에 가서 선교하여 그곳 왕들과 백성들을 회두시킬 것을(『토마 행전』) 위임했다는 것이다. 이처럼 토마의 전설이 이미 마니의 역사를 결정한다. 마니의 성소는 결국 동방 그리스도교가 믿은 토마의 운명과 직접적으로 관련된다. 그래서 마니를 이해하려면 토마 사도의 업적을 기록한 문학적 가상의 대부분을 마니교인들의 전승사를 통해 검토해야 할 것이다.

『신비』라는 책에서 증언하는 바와 같이, 종교의 창시자가 된 마니는 바르다이잔Bardaisan의 철학 논고와 시집, 성가들을 읽고 자기 것으로 만든 것이 많다. 그러나 그 당시 그리스화된 배화교 제관들이 칼데아 예언자들, 니코테오스Nicotheos, 조로아스터, 조스트리아노Zostrianos, 알로게네스Allogènes, 메소스Messos 등의[37] 권위로 쓴 그리스어 묵시록들을 알았을 리는 거의 없다. 그러나 마니가 『비밀에 관한

---

[37] 위에 열거한 다섯 가지 영지주의 『묵시록』들은 신플라톤주의 거장인 플로티누스의 수제자 포르피리오스가 쓴 『플로티누스의 생애』 16,6-7에서 볼 수 있다. 니코테오스(nike + theos = 신의 승리)라는 이름은 마니교 콥트어 『강론집』 68,17과 중페르시아어 필사본(M 299a)에도 나타난다.

책」의 둘째 부분을 쓰기 위해 『히스타스페스[38] 묵시록』을 사용한 것은 사실이다. 이 밖에도 구약과 신약성서 인물들의 이름으로 씌어진 소책자들(전설적 연작連作·기도문들·찬송적 명상기), 그리고 짧지만 독창적인 문학작품들(이란 그리스도교 공동체에서 읽은 비가悲歌·애가哀歌·아가雅歌 등)을 들 수 있다.

마니는 유다 성서를 전혀 알지 못했고 자신의 성서 주석을 위해서도 알려고 하지 않은 것 같다. 유다적인 것은 그에게 흥미를 끌기는커녕, 오히려 분노를 일으키기까지 했다. 마니는 24세까지 엘카사이 공동체에 머물면서 유다인들의 율법서를 받아들였다. 그리스도인으로 자처하는 세례교 형제들이 구약성서를 계속 율법서로 사용했고, 이 법을 따랐기 때문이다. 이런 모순을 자각한 마니는 엘카사이교와 절교할 결심을 굳힌다. 유다 성서에서 그의 흥미를 일으킬 만한 부분이 있다면 그것은 창세기의 첫 장들이고, 그는 이 부분을 외경의 전승들을 통해 알았을 뿐이다.

마니는 작품들을 읽으면서 책에 관한 지식을 습득했고,[39] 제자들에게 아름다운 책을 사랑하도록 훈계했다. 마니가 미술가로서 이렇게 가르쳤다는 사실 때문에 마니의 이름은 이란의 이슬람 문화에서 가장 우아한 미美의 상징이 되었다. 마니는 미술의 거장이 되어, 미술가들이 선과 색깔의 얽힘을 조절하기 위해 사용하는 조화법과 정밀성으로 문자를 그렸다. 사람들은 마니교가 심미적이고 그 창시자

---

[38] 히스타스페스(Hystaspes)는 조로아스터를 회두시킨 신화적 왕의 이름이다.

[39] 종교학자들은 19세기 말엽부터 경전을 토대로 하는 종교를 "책의 종교"라고 부른다. 유다교, 불교, 그리스도교, 이슬람교와 마니교도 들은 경전들에 대해서 특별한 정성을 다한다. 마니도 자기 종교의 경전을 설정하기 위해 책에 관한 많은 지식을 습득했을 것이다.

가 예술가라는 점을 너무 모르고 있다.

시리아어(동방 아람어)를 초서체草書體로 쓴 계시록들과 접하면서 마니는 모국어를 사용할 수 있게 되었고, 자신의 교리를 전달하는 데 가장 적당한 도구로 삼았다. 그러나 이란어권 독자가 그의 시리아어 저서들을 해독하려면 번역이 필요했다. 이란의 어느 방언도, 곧 고대 페르시아어에서 온, 서남 지방의 펠비어나 메디아 지방 동북쪽 언어인 파르티아어도 이런 문학적 번역을 뒷받침하기에는 알맞지 않았다. 왜냐하면 이 언어들은 철자 수가 아주 적어(13개) 그 서기법書記法은 발음과 멀었고, 강연을 통역하거나 사본을 만들 때 크게 혼란스럽고 모호한 점들이 많았다. 또한 가장 유행하는 개념에 대해서는 아람어 낱말들이 흔히 변형되는데(이런 체계를 표의문자라 함), 그런 탓에 아주 간단한 문장들인데도 진짜 수수께끼로 변한다. 그래서 마니는 이란의 관용慣用문자를 철저히 개혁했다. 먼저 펠비어 철자를 동부 시리아어 철자 — 반모음까지 합쳐 22문자 — 로 대치했고, 둘째로 표의문자 체계를 사용하는 공적 필경사들의 고전적 편견을 포기하게 했다. 간단히 말해 종교적 전통에 따라서 쓰던 이란어를 발음 나는 대로 쓸 수 있는 일상생활어로 만든 것이다. 그 결과 이 개혁은 전통적으로 '마니교 활자'라 부르는 도구를 만들어 냈다. 이 활자는 참으로 편리하고 확실하여 마니교의 선전 도구로 이란 전역에 퍼짐은 물론, 비마니교인들 — 소그디아의 터키인들 — 이 인도의 경전과 불교의 경전들을 쓰거나 번역하는 데도 이용되었다.

이 때문에 마니는 이란 문화와 문자 발전사에 중심자리를 차지한다. 마니는 자신의 예언서들을 현대적이고 확실한 서체인 시리아어(에스트랑겔로) 서체로 조판組版하면서, 전통적 국교(조로아스터교)의 고식

古式적 언어 체계를 사용한 보수파와 단연히 등지게 되었다. 이러한 쇄신은 나중에 이란의 이슬람교가 아랍어 서체를 차용할 수 있는 길을 트게 한 것이다(많은 학자들이 아랍어 서체가 시리아어 서체를 바탕으로 발전되었다고 주장하는 것도 과언이 아닐 것이다 — 역자 주).

2. 마니가 쓴 책

마니가 쓴 책은 아홉 권이다.

『샤부라간』*Shabuhragan*

『복음』*Évangile*

『보고』寶庫(*Trésor*)

『신비』*Mystères*

『전설』*Légendes*

『성상』聖像(*Image*)

『거인』*Géants*

『서간』*Lettres*

『시편과 기도』*Psaumes et Prières*

① 『샤부라간』*Shabuhragan*

마니의 첫째 저서로 알려진 이 글은 샤부르 1세에게 헌정하기 위해 마니가 직접 펠비어로 썼다. 원본의 중요한 부분들이 투르판 필사본으로 전해졌는데, 맥켄지D.N. MacKenzie의 배려로 필사본들이 새로 분류되고 많은 새로운 단편들이 첨가되었으며 라틴어 문자 체계로 바뀌고 번역과 각주가 보완되어 출간되었다(1979~1980).

마니는 『샤부라간』을 쓰면서 몇 가지 직관直觀을 글로 옮겼는데, 이는 자신이 창설한 새로운 종교의 특수한 점들을 그 글을 헌정받은 왕이 이해할 수 있게 하기 위해서였다. 마니의 작품 전체를 보면 예언론과 묵시론이란 두 어휘가 그 구상과 내용을 견제하며 정의한다.

알-비루니는 『샤부라간』 첫 장을 여는 예언론에서 핵심 부분을 발췌한 후, 그 내용을 아담에서부터 마니까지 선포된 지혜와 인식의 계승이라고 밝힌다. 이어지는 글 끝에서 마니는 스스로를 '예언자들의 봉인'으로 선포한다. 그가 역사적·절대적 최후의 예언자로서, 역사의 종말과 새로운 세기의 도래를 준비한 사람이라는 것이다.

예언자들의 봉인신학은 그 당시에 성행한 묵시론적 문체를 취한 초역사超歷史(metahistoria)에 관한 기술과 상통한다. 종말론적 희망의 장면을 구상하기 위해서 무엇보다도 신약성서 — 세상의 종말을 언급한 공관복음과 그리스도의 재림을 기다리는 바울로의 증언 — 와 주로 에녹에 관한 특수한 문헌에서 풍부한 자료를 이끌어냈다.

우주론적 관점에서 본 두 원리(선과 악)를 잠깐 연상시킨 다음(아브달-자바르'Abd al-Jabbar가 수록한 『앗-샤라스타니』의 짧은 복사문에 해당),[40] 마니는 곧바로 묵시론의 주제를 다룬다. 종말의 전조는 제국과 종교와 성좌星座들 사이의 분쟁과 혼란의 시대를 연상시키는 "큰 전쟁"으로 묘사된다. 이 전조들은 인자人子(여기서는 크라데샤리야즈드Xradeshahryazd, 지혜 세계의 신이라 부름), 곧 영광의 예수는 선인(참 종교의 신자)들과 악인(종교의 적)들의 심판을 맡고 영광의 예수의 재림으로 표시되는 메시아 시대의 문을 연다. 이 심판을 묘사하기 위해 마니는 최후 심판에 대한 마

---

[40] 아브달-자바르에 대해서는 각주 23 참조.

태오 복음 25,31-46의 구절들을 그대로 인용한다. 심판 다음에 오는 격려는, 종말에 크라데샤리야즈드가 올 때처럼, 기원으로의 귀환 — 무법 세계들로부터의 격리 — 을 가리키며, 연속적으로 이어 나간 예언자들의 보호 아래, 아담의 계시와 낙원의 상태 속에 봉인된 첫 예언으로 다시 귀환함을 뜻한다. 이 귀환을 통해서 선언들은 종말적, 완전한 상태로 회복(아포카타스타시스apocatastasis, 중페르시아어로 프라쉐기르드frashegird)하기 시작하여, '태양의 수레'에서 내려온 미흐르야즈드Mihryazd가 무대에 서게 된다. 미흐르야즈드는 세상을 불사르는 대화재를 일으키고 영혼들을 모이게 하니, 이는 곧 새로운 천지에 선택된 사람들의 왕국, 새로운 낙원 '와히스트 이 호그'wahisht i hog를 의미한다.

『샤부라간』의 첫째 부분(예언서)은 신학적 영역에서 『케팔라이아』 제1장 "사도의 왕림"에 사용되었고, 둘째 부분(묵시록)은 『강론집』 제2장 "큰 전쟁에 대한 강론"에서 쿠스타이(마니의 제자)가 해석한다.

② 『복음』

교회 창립자의 직접 계승자들이 마니교 경전 맨 처음에 마니의 『복음』을 놓았는데, 아마 완전한 표제는 『삶의 복음』인 것 같다. 마니교 전승은 이를 『삶의 대복음』 혹은 『가장 거룩한 희망의 복음』이라고 부른다. 마니는 이 저서를 손수 시리아어로 썼고, 아람어의 알리프alif에서 타우taw까지 22 철자를 따라서(콥트어 『강론집』에 따르면, 그리스어 첫자 알파에서 끝자 오메가까지), 22장으로 나누어 썼다고 한다.

『쾰른 대학 마니교 필사본』은 이 『복음』의 세 부분을 단편적으로 소개한다.

㉠ 66쪽, 4-68쪽, 5⁴¹(서두): 마니라고 부르는 나는 진리의 하느님 아버지의 뜻을 따라서, 예수 그리스도의 사도로서 ….

㉡ 68쪽, 6-69쪽, 8: 마니는 그의 선교가 세상에, 곧 그릇된 종교와 이교 백성들에게 자신이 위탁받은 비밀aporreta을 계시로 알리는 데 있다고 선언했다.

㉢ 69쪽, 9-70쪽, 10: 마니는 자신의 "쌍둥이" 천사에게서 이 계시를 받았는데, 그때는 아직 그가 율법 세계, 곧 세례주의에 몸담고 있을 때였다.

알-비루니는 서재에 이 책의 한 견본을 가지고 있었고, 그가 쓴 『알-아타르』에서 본질적 부분을 짧게 요약한다. 그의 표현에 따르면 마니는 『복음』에서 그리스도가 예고한 파라클레토스Paracletos이며 "예언자들의 봉인"이다.

새 종교의 창립자 마니는 이 저서에서 자기가 쓴 『샤부라간』의 첫 쪽을 다시 확인하기 위하여 성서적 논증을 체계적으로 사용한 것이 분명하다. 그의 성서적 논증은 공관복음과 요한 복음과 바울로 서간들의 "해석적 인용"에 근거한 것이다. 사실 신약성서가 유다인들 성서의 옛 예언자들을 예수와 관련시켜 읽었듯이, 마니는 신약성서를 자기와 관련시켜 읽었다. 그래서 콥트어 마니교 시편은 마니교 경전의 첫자리를 차지한 이 『복음』에 당연히 별칭을 붙여, 마니가 쓴 "책들의 왕" 또는 "그의 신약성서"라고 불렀으니, 이는 새 교회의 창립자가 이 책 속에서 교회의 사명을 성서적·예언론적 기반 위에 발전시켰기 때문이다.

---

⁴¹ 쪽수 다음 숫자는 행을 가리킨다.

> 내가 나의 수행원들에게 보인 진리, 평화의 자녀들에게 통고한 평화, 불멸의 자손들에게 선포한 희망, 내가 택한 선정選定, 높은 곳으로 향한 사람들에게 보인 높은 곳으로 이끄는 길, 내가 드러낸 이 계시, 지극히 높은 신비orgia를 수록하기 위해 가장 위대한 사업erga을 알리기 위해 순수 글로 쓴 불사의 복음 …(필사본 단편 a).

마니가 생존했을 때, 마니교 선교사들이 이 『복음』을 문고판으로 휴대했고, 공동체들이 사용한 모든 언어, 그리스어는 물론(『쾰른 대학 마니교 필사본』의 단편적 원문) 중페르시아어(M 17과 733)와 소그디아어로 번역된 파르티아어 원문(M 172) 등으로 번역되었다. 투르판에서 발견된 마니교 예언론과 신약성서 비유들의 주해에 관계되는 많은 필사본 단편들은, 아마도 공동체 예전서Synaxeis의 집록集錄(『더블린 필사본』 B)과 같이 『복음』에 첨부되어야 할 듯하다.

③ 『보고』寶庫

시리아어로 집필된 『보고』는 "살아 있는 사람들의 보고"(시리아어로 시마트 하예simath hayye) 또는 "삶의 보고"(콥트어로 프테사우로스 엠포네pthesauros mponh)로 불리며, 이 표제는 성서의 『지혜서』에서 따왔다. 아랍인들은 이 표제를 "생의 보고"(칸즈 알-이흐야kanz al-ihya)라는 표현으로 해석했다. 이 작품은 세 개의 필사본 단편들로 간접 문헌 자료에 보존되어 있으며 다음과 같은 순서로 읽어야 한다.

단편 a: 알-비루니의 『타흐키크』Tahqiq에 따르면, 군총軍總(al-junud: 히브리어로 '짜바오트', 곧 천사들의 군사적 총력總力을 의미한다)들은 아름다움이나

성性으로 구분되지 않고(단편 a1), 셋째 사자가 맡긴 직무로 구분된다(단편 a2). 이 두 단편들은 알-비루니의 짧은 교본 속에 엮어졌다.

단편 b: 아우구스티누스 성인의 『선의 본성』*De natura boni* 제44장 — 에보디우스Evodius가 『마니교인들에 반대한 신앙』*De fide contra Manichaeos* 14-16에 인용한다 — 에 따르면, 셋째 사자는 상계上界에서 신적 생기生氣를 맡기는 일을 관리하면서, 대적하는 천체들을 구분하기 위해 "매력"과 "배척"의 현상을 개발하는 역할을 한다. 그가 해방한 살아 있는 원소들은 (상계로) 상승하여 빛나는 세력들과 합세하며, 소용 없는 잔재물들은 하계로 내려와 땅과 합성물을 이룬다.

단편 c: 아우구스티누스 성인의 『펠릭스 논박』*Contra Felicem* II,5 — 에보디우스가 『마니교인들에 반대한 신앙』 5에 인용한다 — 에 따르면, 만일 악령spiritus의 잔재 원소들이 인간 속에 침투된다면 이는 인간의 무관심 때문이다. 아우구스티누스는 결론으로 마니가 인간의 자유를 부정하지 않았다고 바르게 말한다.

서로 일관성을 지니는 이 세 단편들은 같은 작품의 한 부분이었다. 아우구스티누스가 단편 b로 시작하는 진술은 분명히 『보고』 제7장의 한 부분이다. 에보디우스가 "『보고』의 둘째 권에서"라고 한 표현은 단편 c를 인용하는 머리말로 마니교 경전의 순서(둘째 경전)를 가리키는 말이지, 『보고』를 구분한 장章-편篇으로 이해해서는 안 된다.[42]

『보고』를 증거하는 세 단편은 같은 저서에 속하는 부분들로 알려졌다. 콥트어 『케팔라이아』 제91장 230쪽에 따르면, 마니는 그 『보

---

[42] 보통 고대 서적은 그 내용을 우선 권(liber)으로 구분하고, 그다음 장(capitulum)으로 재구분한다.

고」 속에서 "좋은 진주"에 대해서 묘사한다. 알-마수디al-Mas'udi의 저서 『알-탄비 왈-이샤라프』al-Tanbih wa-l-isharaf에서는, 마니가 마르치온교 신자들을 두고 논한다고 한다. 그리고 알-야쿠비al-Ya'qubi의 『타아리크』Ta'rikh에서, 마니는 윤리적 악의 기원을 논하면서 윤리적 악이 생겨난 것은 "권력들의 세계"에서 생겨난 분쟁의 결과이며, 이 세상에 있는 빛의 미립자가 "태양에서 온 사자"의 개입에도 불구하고 자기 영혼 속에 완전히 흡수되지 않았기 때문이라고 말한다.[43]

『보고』는 새로운 교회의 호교론으로 씌어진 신학 체계의 첫째 논고임에 틀림이 없다. 『복음』이 교회의 개념을 예언자의 영적 몸과 연관짓는 반면, 『보고』는 이 교회의 개념에 환상을 첨가하여 천사적 교회의 몸과 그 지체에 연관짓는다.[44]

④ 『신비』

『신비』는 시리아어로 라제raze("신비들에 관한 책"), 그리스어로 타 톤 미스테리온ta tôn musteriôn, 콥트어로 프죠메 엔넴미스테리온pjôme nm-musterion, 아랍어로 시프랄-아스라르sifr al-asrar다. 이븐 안-나딤은 『알-피흐리스트』al-Fihrist에 이 경전 모든 장章의 목록을 제공한다.

제1장 "다이잔파Daysanites에 관한 약술": 222년에 사망한 아람인 시인이자 철학자 바르다이잔(프랑스어로 바르데잔Bardesane)의 이론에 반

---

[43] 모든 영혼은 빛의 성분(미립자) 자체이지만 이 빛의 성분이 (악한) 세상의 창조로 인해 이 세상에 감금되었으므로, 인간의 구원은 창조된 물질세계에서 해방되어 자기 영혼 속에 흡수되어 천상 왕국에 이르게 됨을 말한다. "태양에서 온 사자"는 아르콘(악마)들과 싸우면서 영혼을 구원하려고 하지만, 이 세상에서는 아르콘들의 힘(세력)이 너무 강해서 "완전한 흡수"가 불가능하다.

[44] "영적 몸"(corpus)은 "영체"(靈體)다. 그리스도의 "신비체"라는 말은 잘 알려져 있지만, "영체"나 "천사적 교회체"는 낯선 표현일 수 있겠다.

대한 글이다. 바르다이잔의 제자들은 오스르호에Osrhoe⁴⁵ 지역과 투르-아브딘Tur 'Abdin⁴⁶ 지역뿐 아니라 바빌로니아에 있는 그리스도교 공동체에서 활약했다. 에프렘 성인의 말에 따르면, 바르다이잔도 신비에 관한 책을 저술했다고 한다. 이 사실은 마니가 선택한 표제가 바르다이잔의『신비론』De mysteriis을 논박하기 위해서 쓴 책이라고 볼 수 있을 것이다.

제2장 "총애를 받은 분에 대한 히스타스페스의 증언": 히스타스페스는 조로아스터를 회두시킨 신화적 왕인데, 마니가 히스타스페스(아랍어로 이스타스프Ystasf)의 이름으로 쓴 계시서를 내세운 것은 아마도, 히스타스페스의 계시를 자신의 만신전萬神殿(panthéon)의 한 신, 예수에게 적용하려는 의도에서였을 것이다.⁴⁷

제3장 "자기 영혼에 대한 ⋯ 야곱의 증언": 제목의 원문이 확실하지 않다. 여기서 사용한 성서 주해 방법은 앞장과 같다. 마니는 여기서 천사 야곱에 대한 구약성서의 한 외경,『요셉의 기도』를 본떠 자

---

⁴⁵ 서쪽과 남쪽은 유프라테스 강, 동쪽은 하부르 강, 북쪽은 카라카 다그(Karaca Dag) 산맥으로 둘러싸인 지역. 지명은 파르티아의 인명에서 유래되었다고 본다. 중심 도시는 메소포타미아에서 가장 번화한 에뎃사(Edessa)이며, 예수가 지상에 생존한 때에 그리스도교로 개종했다는 아브가르(Abgar) 왕조(기원전 132년~서기 216년)의 수도다.

⁴⁶ 지명의 뜻은 "하느님 종들의 산(맥)"; 터키 동남쪽의 산맥 지대로, 높이는 900~1400m에 달한다. 시리아 그리스도교의 수도원 역사에 중요한 지역으로 알려져 있고, 1970년 이후 2만 명에 이르던 이곳 주민들은, 터키의 박해로 여러 서방 국가에 흩어져 공동체를 이루고 산다.

⁴⁷ 히스타스페스는 옛 이란어로 비스타스파(Vishtaspa)가 그리스화된 이름이다. 그는 다리우스 대왕의 아버지로서 조로아스터를 가르쳤다고 하지만, 고대 후기 문헌에서는 그를 조로아스터와 함께 태고의 묵시자로 내세우고 구세주의 왕림과 세상의 종말을 예언한 인물로 본다. 그의 묵시록은 유다인들(『시빌라 신탁』)과 교부들(특히 유스티누스와 락탄시우스)이 알고 있었다.

신의 고유한 신화의 한 부분을 만든다.

제4장 "과부의 아들": 이 제목은 엘리야 예언자가 살려 준 사렙다의 과부 아들을 떠올리게 한다(1열왕 17,8-24; 루가 4,25-26). 그러나 이븐 안-나딤은 "마니는 여기서 유다인들이 십자가에 처형한 메시아를 다루었다"라고 해석을 덧붙인다. 그러므로 이 제목을 문자적 의미로 바꾸면 "요셉의 과부, 마리아의 아들 예수"가 될 것이다.

제5장 "유다의 영혼에 대한 예수의 증언": 『토마 복음』 머리말에 나오는, "살아 계신 예수께서 말씀하시고 디디무스 유다 토마가 기록한 비밀 말씀"을 고려한다면, 이 장은 마니가 유다 토마에 관한 전통과 『토마 복음』이 전달한 예수의 말씀들을 주해한 것일지도 모른다.

제6장 "의인이 승리한 다음에 한 증언의 시작": 『에녹 묵시록』의 일부를 주해한 것 같다. 이 문헌은 에녹을 의인al-yamin이라고 한다.

제7장 "일곱 영靈들": 영들arwah이란 말은 악마론적 의미로 알아들어야 한다. 이는 "운명의 칠성좌七星座"와 관련된 불길한 세력들을 의인화擬人化(personnification)한 마니교 번역을 다시 해석한 것이다.

제8장 "네 개의 일시적 영들에 대한 선언al-qaul": 이 악마론적 의인화는 여기서 한 주간의 날(日)들이 아니라, 네 쌍으로 된 달(月)을 견양見樣한다.

제9장 "조소嘲笑(al-duhka): 단순한 웃음al-dahka이 아닌 것 같다. 동종자同宗者(같은 유다인)들에게 비웃음 당하는 예수를 모방하여, 마니가 "그릇된 종교인들"에게 비웃음의 대상이 된 데 대한 암시일 것이다.

제10장 "예수에 관한 아담의 증언": 마니가 『아담의 묵시록』에서 취한 예언론의 발췌문을 해석한 게 분명하다. (이 묵시록은 의심 없

이, 나그 함마디 필사본에 있는 콥트어 문헌이 아니라, 『쾰른 대학 마니교 필사본』에 인용된 『묵시록』을 말한다). 이 장의 목적은 아담에서 예수까지 이어지는 예언자들의 연결 고리를 만드는 데 있다.

제11장 "종교의 손상": 이 부분은 종교적 변절이 아니라 실천적 윤리를 염두에 둔 것 같다. 즉, 계율의 불이행은 사실상 모든 신자를 참 종교 밖으로 끌어낸다는 것이다.

제12장 "영혼과 육신에 관한 바르다이잔 사상의 교리": 바르다이잔 이론은 그리스 철학, 특히 플라톤 철학에 의존하는데, 여기서는 철저한 반反육체적 사상의 의미를 강조한 것 같다(제13장 ㉠ 참조).

제13장 "살아 있는 영혼에 관한 바르다이잔 이론의 반박": 앞장의 연속이다. 이 장은 영혼의 가장 높은 부분을 "살아 있는 나" 또는 "살아 있는 영혼"nafs al-hayah이라고 하는데, 알-비루니는 『타흐키크』에서 세 개의 단편을 인용한다.

㉠ 육체는 감옥이고 징벌을 받는 자리이기 때문에 영혼은 육체 밖에서만 제대로 살 수 있다(『아프샤르』*Afshar* 212번, 15-18).[48]

㉡ 마니는 윤회輪廻의 마지막에 진리를 찾지 못한, 즉 안식安息에 이르지 못한 영혼들의 징벌에 대한 예수의 말씀을 인용한다(『아프샤르』 212번, 11-14). 알-비루니는 이 단편이 분명히 『비밀에 관한 책』*Sifr al-asrar*에서 비롯된다고 지적하면서, 마니가 "잃는다"·"망한다"는 말을 "사라진다"는 뜻이 아니라 "징벌을 받는다"는 뜻으로 썼다고 명기한다.

---

[48] 『아프샤르』: 마니교에 대한 아랍-페르시아어 간접 원천 문헌을 수록한 저서로, 완전한 서명(書名)은, A. Afshar-e Shirazi, *Motun-e arabi va farsi dar bare-ye Mani va manaviyyat*, Téhéran 1956이다.

ⓒ 마니는 생명을 찾은 영혼의 불사불멸에 대한 예수의 말씀을 인용한다(『아프샤르』에는 이 부분이 삭제되어 있다).

제14장 "세 개의 구덩이(溝)": 이 장에서는 우주론의 한 부분을 발전시키려 한다. "구덩이"(아랍어로 카나디그khanadig; 그리스어로 포사타phossata)는 세상 주위에 파인 몇 개의 구덩이를 가리키는데, 악령들은 그곳을 분뇨 처리장으로 사용한다(『케팔라이아』 제43, 45장 참조).

제15장 "우주의 보존": 살아 있는 영靈의 데미우르고스Demiourgos적 작업. 셋째 사자가 완성한 지주支柱 작업, 특히 두 빛물체(해와 달), 그리고 우주적 인대靭帶에 관한 내용일 것이다. 알–비루니가 『타흐키크』(『아프샤르』 215번, 19-21)에 인용한 마니의 성언聖言도 이 장에 포함시켜야 한다는 것이 필자의 생각이다. 이 성언은 영혼의 "길"과 "문"으로서의 해와 달의 역할을 언급한다.

제16장 "삼三 일": 신통계보학神統系譜學(théogonie)의 삼 일ayyām에 관한 명제는 『케팔라이아』 제39장 "삼 일과 두 죽음"에서 되풀이하여 더 발전된다.

제17장 "예언자들": 마니는 여기서 자신의 예언론 교리에 몇 가지 해명을 덧붙인다. 그는 세상 종교에 속하는 거짓 예언자들(특히 유다교의 역사적 예언자들)과 하느님이 보낸 참 예언자들(아담, 셋, 예수)을 구분한다. 마니가 『비밀에 관한 책』에서 예언자들의 기적들을 비웃었다는 알–야쿠비의 증언은, 틀림없이 이 장의 내용을 지적한 것이다. 알–비루니가 『타흐키크』에 인용한 점성학자들을 반대하는 단편(『아프샤르』 214번, 23-25.2)은 이 장의 발췌문일 것이다.

제18장 "최후의 심판": 마지막 장은 종말론을 다루고, 『샤부라간』의 논고를 보충했을 것이다. 그런데 논제에서 잘 쓰는 표현인 알–키

야마al-qiyama가 여기서 부활을 의미한다고는 볼 수 없을 듯하다.

『보고』와 같이 『신비』도 호교론이다. 사상과 종교를 다루는 『신비』의 짧은 논고들은 바르다이잔파와, 유다인과 "가짜 종교들"에 대한 논박을 겸했다. 마니는 적대적인 지역에서 교리를 전해야 하는 제자들에게 이들 종교 사상을 설명해야 할 상황과 필요성에 부딪친다. 이 저서의 가장 큰 특성은 신약과 구약의 외경 전승들을 대대적으로 사용하며, 금언과 설화를 예수에게 적용한 사실이다. 바르다이잔파에 맞선 반론이 상당 부분을 차지한 것으로 보아, 이 책은 시리아와 메소포타미아의 그리스도교 공동체들과 연관되며, 마니의 선교 활동 말기(260년~270년경)에 발간되었음을 알 수 있다.

이븐 안-나딤이 제시하는 마니와 그 계승자들의 서간 목록을 통해, 아브디엘Abdiel이라는 사람이 자신의 편지에서 이 『신비』를 주해한 사실을 알 수 있다. 이 아브디엘은 『쾰른 대학 마니교 필사본』이 여러 번 인용한 티모테오스Timotheos일 가능성이 높다.

⑤ 『전설』

마니는 시리아어로 일련의 전설을 저작했는데, 그의 그리스어 표제 "프라그마테이아"Pragmateia가 아람어로 옮겨졌고, 아랍어·중국어 번역에도 그대로 사용되었다.

이 그리스어 표제는 무엇을 말하는가? 이 어휘는 철학적 의미의 '논고'나 '개론'이 아니다. '논고'라는 번역은 적절하지 않을뿐더러 그릇된 표제다. 두 프랑스 학자, 샤반Chavane과 펠리오Pelliot가 중국어로 된 마니교 문헌을 번역하면서 표제가 없다는 이유로 '논고'traité라고 해서 자주 혼란을 야기한 것이다. 그리스 수사학이나 인식론에서 사용한 낱말 "프라그마테이아"는 아리스토텔레스 이후에 '논고'라는 전문 개념을 가지게 되지만, 예를 들어 섹스투스 엠피리쿠스Sextus Empiricus는 이 말을 음악과 물리학에 관한 '논고'로 사용한다. 마니가 사용한 "프라그마테이아"는 호메로스의 시집 권두卷頭에서나 연극·소설의 논증에서 보듯이 학교 교과서에서 사용한 대중적 의미를 지닌다. 그래서 그 당시의 그리스어 표현에 "트로이케 프라그마테이아"troïkè pragmateia는 "트로이 전쟁에 대한 논고"보다는 "트로이 전쟁의 전설적 사화史話"나 "트로이 전쟁의 전설"이 적합하다. 전설(프라그마테이아)이란 말은 그때부터 신화muthoi나 신화적인 것muthologika과 동의어로 사용된다.

이 본문은 많이 읽혔고 비마니교 신자들이 도용하기도 했다. 왜냐하면 이 일화가 신들과 인간들의 탄생을 생생하게 이야기하고, 반이단론자들이 보기에는 아슬아슬하고 우스꽝스러우며, 그럴싸한 감언을 늘어놓는 사람들을 좌절시키거나 우습게 만드는 데 쉽게 이용할 만한 많은 소재를 제공하기 때문이다. 누구보다도 8세기에 카스카르Kaskar(바빌로니아 남쪽)에서 탄생한 경교景敎(nestorien) 박사 테오도르 바르-코니가 『교리 문답집』*Scholia* 11권에서 이러한 방법을 사용했다. 그는 마니의 교리를 소개하기 위해 처음부터 끝까지 "악당"이라고 불리는 사람의 한담閑談을 삽입한다. 이 글을 주의 깊게 읽어 보면, 그것은 단순한 요약이 아니라 실제로는 마니의 저서에서 따온 인용구들임을 알게 된다. "그가 말하기를"의 형식으로 시작하는 인용문들의 특징은 지리멸렬하고 일관성이 없어 보이지만, 전체적으로 보아 빛의 세계 밖에서 이루어진 신들의 창조부터 천상 예수가 아담을 구원하기까지의 이야기를 온전히 담고 있다. 그래서 사물과 존재들의 기원을 이야기하는 일련의 전설들이 드러나게 되는데, 여기서는 종말론적 전망이 일부러 제외된다. 이 종말론적 전망은 『샤부라간』과 『복음』에서 이미 다루었을 뿐 아니라 종말론 자체가 신화의 영역에 속하지 않기 때문이다.

신화는 문화의 차이에 따라 달라지는 명제이긴 하지만, 예언자 마니가 자기 교회에 전달한 계시의 말씀이 『전설』의 내용을 구성한다. 결국 우리는 바르-코니가 명시한 교리 부분에서 마니의 『프라그마테이아』의 핵심 문구들을 본디의 언어로 전달했다고 결론을 내릴 수 있게 된다.

마니는, 태초에 세상에 어떤 사실들이 있었는지를 간절히 알고 싶어 하는 신자들의 호기심을 충족하기 위해서 이 전설집傳說集을 저술했다. 종교 창시자가 된 마니는 공상 속에 사는 대중의 근성과 새로운 신화에 대한 억누를 수 없는 욕망을 고려해야만 했다. 자기 종교를 백성들 사이에 정착시키기 위해, 마니는 변화무쌍하고 풍부하면서도 절제되고 일관성 있는 공상을 창조해야 된다고 생각했다. 그래서 마니는 『프라그마테이아』에서, 시인으로서의 자기 의도가 과연 이루어질 것인지에 대한 추호의 의심도 없이, 자신의 수많은 신도들을 위해서는 본질적인 것을, 그리고 장래 교회의 모든 적대자들에 맞서기 위해서는 군마軍馬를 마련하는 데 온 힘을 기울였다.

⑥ 『성상』聖像(*Image*)

아불-마알리예 알라비Abul-Ma'ali-ye 'Alavi는 헤지라 485년(서기 1092년)에 처음으로 페르시아어로 쓴 반이단서 『종교론』*Bayan al-adyan*에서 이렇게 진술하였다. "마니는 회화 예술의 거장이었다. 그가 흰 명주

위에 한 선을 긋고 한 올의 실을 뽑으니 그 선을 볼 수 없을 정도였다". 마니는 『아르즈항 마니』Arzhang Mani라는 책에 갖가지 성상들을 그렸는데, 그 책은 가즈니Ghazni의[49] 보고寶庫 속에 있다.

이 『성상』은 중페르시아어와 파르티아어로 "아르다항"Ardahang이라고 부른다. 중국어로 씌어진 『마니교 교리 요약』(摩尼光佛敎法儀略卷)에서 보는 마니교 경전의 마지막 책 표제는 "다멘헤이"大門荷翼인데, "대이원론의 그림"(大二宗圖)이라는 뜻이다. 곧 마니가 자신의 신통계보학과 우주발생론宇宙發生論(cosmogonie)을 그린 그림들의 묶음이란 말이다. 콥트어 『강론집』 25쪽 5행은 마니교 일곱 경전의 부록으로 그리스어 "에이콘"Eikôn — 단수지만 때로는 복수 eikones — 이라는 표제의 책을 인용한다. 『강론집』의 또 다른 구절(18쪽 5-6행)에는 박해와 처형의 표적이 된 마니 교회의 곤경을 묘사하는데, 여기서 마니는 "나는 그들의 아름다움을 추억하면서, 나의 성상의 그림 위에서 울었노라"고 한다.

폴로츠키H.J. Polotsky는 이 성상집이 마니의 『복음』을 보여 준다고 추정한다. 그러나 『복음』이 이야기하는 단편 본문들은 예언론에 관한 것이고, 이 작품 전체는 묵시록과 신약의 복음들에서 발췌한 글들을 주해한 것으로, 일종의 마니교 『복음 준비서』[50]인 듯하다. 이 책은 쉽게 이해할 수 있어서, 마니가 그 내용을 알리기 위해 선과 색

---

[49] 아프가니스탄 동쪽 2,200m의 산 위에 불교인들이 건설한 장엄한 도시(7세기 불교 중심지)다. 10~12세기에는 터키인들이 이곳을 점령하여 가즈나비드 왕조의 수도로 정하고 아프가니스탄과 푼자브 지역을 통치하였다. 1221년에 몽고의 침입으로 파괴된다.

[50] 『복음 준비서』(praeparatio evangelica)는 에우세비우스가 15권으로 나누어 쓴 방대한 작품이다.

을 입혀 가며 다시 풀이할 필요가 없었을 것이다. 이보다 더 그럴듯한 추정이 있다. 스타인Stein의 필사본 단편이 확인해 주듯이 마니가 성화iconographie로 설명하고자 한 것은, 달리 설명하면, 아주 복잡한 전설집의 내용이었다는 것이다. 과연 이 전설집은 우주적 상황과 인물과 장소들이 뒤죽박죽으로 섞여 있어, 독자나 청중이 어느 순간이라도 쉽게 이야기의 실마리를 놓치기 쉽다.

마니는 교리문답을 설명하기 위해서, 아니면 어떤 제자들의 요청을 들어주기 위해서, 시인이자 환시가(visionnaire)로서의 공상을 묘사한 『전설』Pragmateia의 중요한 몇 장면을 붓으로 그릴 결심을 한 것이다. 곧 빛의 땅, (이율배반적) 모순의 세계, 두 원리의 싸움, 아후라 마즈다의 패전, 다음에 오는 구원과 최후의 승리, 살아 있는 영靈의 부르심, 데미우르고스의 처소處所, 셋째 사자 등 각 화면畫面은 엄밀한 의미에서 전설을 수반하며, 설명을 덧붙여야 그 화면을 이해할 수 있고 전체적으로 작품을 안내하고 해석할 수 있게 된다. 이것이 파르티아어와 중페르시아어 필사본 단편에 보존된 『아르다항 위프라스』Ardahang wifras다.

이 그림들의 집대성은 마니교 신자들뿐 아니라 바깥세상에서도 큰 성공을 거두었다. 아불-마알리예 알라비가 11세기에 증언했듯이, 그 뒤로도 페르시아의 시인과 문인들, 그리고 이슬람화된 이란은 이 『성상』의 저자를 두고 찬사를 아끼지 않는다. 예언자로서 마니는, 패배했다기보다는 아라비아 땅에 온 또 다른 예언자에게 직무를 물려주지만, 화가와 예술가로 언제나 찬양받으면서 헤지라(이슬람 시대)부터 동족(이란 세계)의 추억 속에 함께 남아 있다!

⑦ 『거인』

　『전설』과는 별도로 마니는 중페르시아어와 파르티아어로 "카완"Kawan이라고 표제한 또 다른 우화적 이야기들의 연작連作을 집필했다. 이 책의 콥트어 본문은 "거인들에 관한 책", 곧 『트그라페 엔넨기가스』tgraphe nngigas, 『프죠메 엔넨기가스』pjome nngigas 또는 『프죠메 엔넨칼라쉬르』pjome nncalashir라고 부른다. 아랍어로는 같은 의미의 표제인 "시프랄-쟈바비라"Sifr al-jababira라고 부른다. 콥트어 『케팔라이아』서두에서는, 마니의 사후에 설정된 마니 교회 경전 목록을 마니가 직접 거론하면서 『거인』을 명명하기 위하여 "나는 파르티아인들의 청원에 따라 이 책을 썼다"고 선언한다. 파르티아인들의 "청원"(콥트어로 라이세laice, 그리스어로 아이테마aitema)은, 사실상 마르 암모Mar Ammo의 청원이기 쉽다. 마니가 그의 청원을 듣고 "만사의 기원"에 대한 일화를 수록하기 시작했다고 『전설』에서 한 번 언급한 적이 있기 때문이다. 이 일화는 마니가 친히 시리아어로 썼고, 그의 선교사들이 파르티아뿐 아니라 그 밖의 지역으로도 가지고 갔다. 헨닝이 모은 필사본 단편들은 『거인』이 중앙 아시아의 모든 언어로 씌어졌다는 사실을 입증하기 때문이다.

　이 책의 주제는 그 당시 문학작품에서 새로운 것이 아니다. 다시 말해, "거인들"에 대한 역사는 백성들의 기억으로 가득 차 있었다. 마니가 어렸을 때 교육을 받은 유다-아람어 문학작품에 따르면, "거인들"은 성서의 "홍수" 이야기에서 시작된다.

　　땅 위에 인간들이 늘어나기 시작하면서 그들에게 딸들이 태어났다. 엘로힘의 아들들은 사람의 딸들이 아름다운 것을 보고, 여자들을 골라 모두 아내로 삼았다. 그들에게 자식이 태어나던 그때와 그 뒤에도 세상에는 거인들nephilim이[51] 있었는데, 이는 엘로힘의 아들들이 인간의 딸들과 가까이하여 태어난 아이들이며, 그들은 옛날의 용사들로서 이름난 장사들heros이었다(창세 6,1-2,4: 새 번역).

성서의 세 구절에 나오는 역사는 기원전 150년경 히브리어로 씌어진 유다 묵시서 『에녹서』가 다시 확대·사용되며, 그리스도교가 탄생할 여명에 종말론적 신앙의 안내서가 된다. 이 덕분에 갖가지 그리스도교 사상이 생겨나고 유다-그리스도교 세계가 거둔 성공은 이루 말할 수 없다. 『에녹서』의 온전한 번역문은 에티오피아어로만 존재하며, 파피루스에 씌어진 그리스어 『에녹서』는 단편이지만 긴 본문을 전한다. 슬라브어 『에녹서』는 그리스도인들이 수정한 이본으로 존재한다. 쿰란 동굴에서 발견된 아람어 단편들은 이 묵시서가 유다 사상 조류의 변방에서 사용되었음을 증거한다. 밀릭J.T. Milik은 쿰란 필사본의 몇몇 단편들이 『에녹서』의 첫 부분에 속하는 『거인들에 관한 책』Livre des veilleurs의 또 다른 재탕再湯임을 확인할 수 있었다. 실제로 이 단편들은 『거인들에 관한 책』을 인용한 것이 아니고, 타락한 천사들과 그들이 지상에서 낳은 자식들, 거인들gibborim이 겪은 극적인 사랑의 우여곡절 등의 세목細目과 고유명사들이 연관되었을 뿐, 하나의 독립된 작품에 속한다. 밀릭은 헤닝이 모은 투르판 마니

---

[51] 시리아어 성서(페쉬타)는 히브리어 성서대로 "엘로힘의 아들들"로 옮겼다. 그러나 이에 대한 해석은 다양하니, 랍비들은 "하느님의 천사들"로, 그리스도교 주해는 시편 82,6에서도 "셋의 아들들"로 해석했다. 새 번역은 "느빌림족"으로 옮기고 "거인족"(민수 13,33)으로 해석하였다. 이 해석은 동방 그리스도교 전승이다. 영지주의자들이 이 "네필림"(nephilim)을 "조산아(早産兒)들"로 해석한 사실을 상기하기 바란다.

교 필사본 단편들 덕분에 쿰란에서 발견한 필사본 단편들이 유다인들의 『거인들에 관한 책』의 잔존물임을 알아볼 수 있었다. 마니가 처음 교육받은 엘카사이 공동체는 묵시문학, 특히 『에녹서』와 『거인들에 관한 책』에 익숙했으므로, 마니는 『거인들에 관한 책』에서 영감을 받아 고유한 작품 『거인』을 저술할 수 있었다. 마니의 선교사들은 이란 제국 동북부 지역에서뿐 아니라, 그리스-라틴 세계에까지 이 작품을 대중화시켰다. 마침내 마니교 신자들 덕분에 이 『거인』이 알려져 동·서방 두 극단에 도달했고, 서방에서는 6세기 초에 교황 젤라시우스Gelasius 1세(494~496 재위)가 이 책과 다른 성서의 외경들을 처단하라는 칙령을 내린다. 이 칙령은 *Liber de Ogia*(라틴어)라는 책을 단죄하는데, "오기아"는 이 책에 나오는 거인의 이름이다. 8세기에 중국어 『법의략』法儀略(Compendium)에는 파르티아어와 중페르시아어 표제 "카완"Kawan을 보존하여 "주환"俱緩(Ju-huan)이라고 했다.

    마니는 유다인들의 환상과 꿈과 천상 여행을 이리저리 엮어 만든 연재소설 『거인의 책』에서 새로운 작품을 이끌어 내었으나, 상황과 인물은 똑같다. 두 책에서 셰미하자Shemihaza는 두 아들 오히야Ohya(Ogia)와 아히야Ahya(소그디아어로 파트-사흠Pat-Sahm)를 낳는다. 첫째 아들은 레비아탄Léviathan(龍)과 싸우고, 둘째 아들은 비로그다드Virogdad의 아들 마하와이Mahawai를 공격한다. 투르판에서 발견된 펠비어와 소그디아어 필사본 단편들의 개작 내용은 셰미하자/샤흐미자드Shemihaza/Shahmizad의 두 아들이 삼Sam과 나리몬Narimon으로 불리므로, 단순히 이름만 보아서는 유다 원천의 아람어 이름이라기보다 이란식 이름에 더 가깝다. 거인들이 괴물과 싸워 이긴 다음 거인들끼리 싸우고, 그다음 거인들과 신과의 공상적 싸움gigantomachie이 벌어지며, 『에녹서』처럼 네 천사들, 라파엘 · 미카엘 · 가브리엘 · 이스트라엘이 악령 세계의 무질서한 세력을 굴복시키는 것으로 끝맺는다.

이 다채로운 이야기는 마니교적 공상이지만, 본질적 부분은 셈족의 유산이다. 마니를 계승한 교회의 우두머리들은 마니와 같이 아람인들이었다. 경전 목록에 『거인』을 고수하고 『샤부라간』을 제외시킨 이유는, 이란 왕들이 이제 마니 교회의 원수怨讐로서 그 책의 대상이 될 수 없었기 때문이다. 그래서 『거인』은 어떤 의미에서는 반『샤부라간』이라고 볼 수 있다. 결국 마니가 말년에 "파르티아인들"을 위해 글을 쓰면서, 유다인들의 책을 흥미롭게 번안하여 『거인』을 펴냈다는 사실은, 이 세상의 권력자들에게 미움의 표적이 된 마니와 그의 독자들이 태초 거인들의 폭력과 부패에서 제국의 패망과 왕자들의 죽어 가는 운명을 보고 읽어 낼 수 있었기 때문일 것이다. 더욱이 "카완"Kawan(거인들)이란 말은 사산 왕조 시대에 "폭군"과 같은 의미였다. 그래서 『거인』은 우화allégorie와 신화 형식의 정치 풍자로 표현되고 이해된다. 이 때문에 이 책을 경전 목록에 두고 결과적으로 『샤부라간』을 삭제한 것이 아닌가 한다.

⑧ 『서간』

바울로가 그리스도교의 여명기에 그랬듯이 마니도 많은 서간을 작성했다. 그래서 그를 사산 왕조 시대에 가장 풍부한 서간문을 쓴 사람이라고 한다. 어떤 서간들은 새로운 교회 창립을 축하하고 종교 창립자 마니의 방문을 예고하며 자기 저서를 사도들에게 보내면서 지방 현황을 잘 파악해 처리하라고 한 지시 등을 다룬다. 어떤 편지들은 간단하고 또 어떤 편지들은 교리적 차원에서 썼다. 일반적으로 선교 역사에 알려진 장상長上들에게 몇 가지 근본 사상과 역사, 교회 전례 등을 일깨워 주고 그들의 신앙을 고양시키기 위한 것이다. 다른 서간들은 공동체를 조직하고 운영하는 규칙과 훈계의 글들이다. 저자가 살아 있을 때, 마니의 추종자들은 이 편지들을 끊임없이 필사하고 번역하였다. 마니의 후계자들은 마니의 서간들 옆에 그와 가까운 고위 직책을 맡은 사람들의 서간들도 함께 덧붙여 큰 책으로 묶었다. 마니교 신자들은 필사하고 번역한 서간들 역시 원본과 다름없음을 믿었다.

이렇게 집대성한 서간집은 이집트에서 발견한 마니교 서고에 포함되어야 했으나 행방이 묘연하다. 『베를린 필사본』(P 15998)과 바르샤바에 보존된 필사본이 분실된 몇 쪽을 대체한다. 이븐 안-나딤은 『알-피흐리스트』 76에서 서간의 수신인 이름을 전해 준다. 그는 이 편지들의 내용을 몰랐고 반복하여 기록하지도 않았다. 이븐 안-나딤은 다만 마니교인들이 서간 모음집을 만들 때 마니교 전통을 따라 서간의 제목을 붙였다고 한다. 그 서간들이 전달되는 과정에서 번역하는 사람들과 필사하는 사람들이 편지 목록을 만들었고, 특히 고유명사들이 쉽게 바뀌었을 것이다. 어쨌든 이 목록을 통해 서신 왕래가 놀라울 정도로 활발했고, 초창기 마니교가 직면한 실천적 문제들이 내용적으로 많은 분량을 차지했음을 알 수 있다.

⑨ 『시편』과 『기도』

콥트어로 된 마니교 『시편』은 마니가 "두 권의 『시편』과 『기도』"를 저술했다고 전한다. 그러나 마니교 책임자들이 전례를 위해 광범위하게 편찬한 콥트어 『시편』 속에, 이 두 『시편』과 『기도』를 삽입하지는 않았다. 그리고 투르판에서 발견한 필사본 단편들 가운데 마니가 쓴 『시편』과 『기도』가 있는지를 확인하기란 사실 불가능하다. 일반적으로 이런저런 저서들을 마니의 저작으로 돌린 것은 신학적 논증에 따른 것이지, 원본에 대한 자료 식별에 따른 것이 아니다.

에프렘 성인이 "아람인 철학자" 바르다이잔의 서정시적 영감을 모방하기 한 세기 전에, 마니는 바르다이잔의 모형을 딴 시리아어 운율법韻律法을 사용하여 『시편』과 『기도』를 작성한 것이 거의 확실하다. 시구의 아름다움과 운율은 어느 말로도 번역하기 어렵다. 진실한 시인으로서 마니는 제자들을 설득하여 그들의 모국어로 다른 시편과 기도문을 창작하도록 권고했다. 마니교의 『시편』과 『기도』는 빼어난 찬송문학을 구성했고, 콥트어 파피루스 필사본의 고고학적 발견으로 우리에게 전해졌다.

3. 경전 목록 규정

경전 목록 규정(Canon)은 어떤 종교 서적이 경전에 속하는지를 결정하는 규정이다. 그것은 규율적 결정으로서, 역사의 필요한 순간에 그 종교의 최고 권한이 그 결정을 내리고, 전통의 명의로 의무적 실행을 신성불가침한 것으로 선언함으로써 끝난다. 마니교는 마니 사후 주교 시스Sis가 창시자의 의향에 따라 결정을 내린 것 같다. 마니 교회는 오랜 기간 동안 이 신성불가침한 결정을 보호해 왔다.

세 가지 사실이 이를 입증한다. 첫째, 모든 콥트어 원천 문헌들은 새로운 교회의 교리 해석이 처음으로 대폭 편집되고 전례적 시편이 설정된 이후부터 마니가 쓴 일곱 저서가 정경으로 결정되었음을 입증한다. 조로아스터, 붓다, 예수가 구전으로만 남긴 것과는 달리 마니는 직접 경전을 썼다. 둘째, 콥트어 원천 문헌들 —『케팔라이아』 머리말과 제148장,『강론집』94쪽 — 은 마니가 친히 세 번씩이나 "내가 너희에게 썼노라", "내가 너희에게 주었노라" 하면서 목록 순서까지도 정했다고 증언한다. 셋째, 중국어『법의략』도 같은 목록을 포함하고 있는 것으로 보아, 당唐 시대에 중국 마니교 신자들도 바빌로니아 초대교회가 결정한 규정을 지켰다는 사실을 알 수 있다.

마니교 원천 문헌에 있는 경전 목록을 표제별로 분류하면,『샤부라간』이 제외된 채 경전 목록이 일곱 개로 정해진 사실이 드러난다. 중국어『법의략』의 경전 목록과 콥트어『강론집』의 마지막 부분(94쪽)에 있는 경전 목록은 똑같다. 이 두 목록의 순서는 다르지만,『신비』·『전설』과『거인』은 모든 목록 속에 한 묶음으로 나타난다.『케팔라이아』제148장에 따르면, 이 "세 작품"은 단 한 경전을 형성한다고 분명히 말한다. 이같이 마니교 원천 문헌대로 신화적 논고에 속하는 세 작품을 하나로 묶는다면, 원천적 권위를 가진 칠경도 오경으로 간주할 수 있을 것이다. 이 사실은 404년에 아우구스티누스 성인과 논쟁하던 마니교 신자 펠릭스Felix의 선언으로 확증된다. 펠릭스는 자신을 다섯 저자들auctores과 연관시킨다(『펠릭스 논박』I,14). 곧 마니의 총서는 다섯 경전으로 통합하게 되었으니 그 이유는,『케팔라이아』제148장의 제목에 "다섯 교부에게 속한 다섯 책에 대하여"라고 씌어 있는 것과 같이, 오경이라는 말이 특별한 신학적 의미를 지니기 때문이다.[52]

---

[52] 숫자 5가 마니교 교리에 중대한 역할을 함을 뜻한다(제4장 "만신전" 참조).

그릇된 사경

라틴어:	그리스어:	시리아어:
『아르켈라우스 행전』	에피파니우스Epiphanius	테오도르 바르-코니Theodor bar-Koni
Acta Archelai LXII, 3	『약상자』Panarion LXVI, 2, 9	『교리 문답집』Scholia 312, 6-8
1. 미스테리아Mysteria	미스테리아Musteria	라제Raze
2. 카피툴라Capitula	케팔라이아Kephalaia	리셰Rishe
3. 에완젤리움Euangelium	에왕겔리온Euaggelion	에완겔리윤Ewangeliyun
4. 테사우루스Thesaurus	테사우로스Thesauros	심테-시마타Simte-Simatha

그리스도교 반이단론 교부들 — 시리아·그리스·라틴 교부 — 은 마니교 경전이 사경인 것처럼 소개했다. 이 그릇된 구성은 『아르켈라우스 행전』까지 추적할 수 있는데 마니교 후기 전통의 교리 해석, 곧 『케팔라이아』를 마니가 쓴 저서와 혼동한 것이다.

칠경에서 오경으로

칠경七經	『케팔라이아』 148 『강론집』 25	『시편』 46-47 『시편』 139-140	『케팔라이아』 5	『강론집』 94	오경五經
1. 『복음』	Euaggelion	Euaggelion	Euaggelion	Euaggelion	『복음』 1.
2. 『보고』	Thêsauros	Thêsauros	Thêsauros	Thêsauros	『보고』 2.
3. 『전설』	Pragmateia	Pragmateia	Pragmateia	[Epistolaue]	『서간』 3.
4. 『신비』	mMustêrion	mMustêrion	pTa tôn Mustêriôn	mMustêrion	『신비』
5. 『거인』	nGigas	nCalashire	graphê ntlaice nnParthos	Pragmateia	『전설』 } 4.
6. 『서간』	Epistolaue	Epistolaue	Epistolaue	graphe [ntlaice nnParthos]	『거인』
7. 『기도』+『시편』	mPsalmos + nShlel	nShlel + 2 Psalmos	mPsalmos + nShlel	nShlel	『기도』 5.

편역자: 따르디외M. Tardieu는 콥트어 원천 문헌의 일곱 군데와 중국어 『법의략』을 비교하여 일곱 경전의 순서를 도표로 나열하고, 일곱 경전에서 다섯 경전으로 변한 과정을 설명했다. 우리는 『법의략』의 일곱 중국어 경전명의 유래와 중국어 해석을 보는 것이 흥미로울 듯하여 여기에 소개한다.

1.『복음』	大應輪 dayinglun	← Euaggelion(그리스)	譯云徹盡萬法根源智經
2.『보고』	尋提賀 xintihe	← Simte(시리아)	譯云爭命寶藏經
3.『전설』	泥萬 niwan	← Diwan(중페르시아)	譯云律藏經亦稱藥藏
4.『신비』	阿羅瓚 eluozan	← Razan(중페르시아)	譯云秘密法藏經
5.『거인』	鉢迦摩帝夜 bojiamodiye	← Pragmateia(그리스)	譯云證明過去教經
6.『서간』	俱緩 juhuan	← Kawan(중페르시아)	譯云大刀士經
7.『기도』+『시편』	阿拂胤 afuyin	← Afrin(중페르시아)	譯云讚願經

4. 마니교 교부학

마니교 신자들은 자기네 성서를 마니의 칠경전・성상聖像(Image)・전승으로 나눈다. 쿠스타이가 쓴 "대전"大戰에 관한 강론과 중국어『법의략』은『성상』聖像을 칠경의 부록에 넣는다. 그리고『성상』다음에 옛 마니교 전통에서 씌어진 모든 저서를 포함시킨다. 중국어『법의략』은 이를 마니의 "가르침"이라 하고, 콥트어『시편』(47쪽)에서는 그의 "말씀"이라 했으며,『강론집』(25쪽)은 그의 "계시・비유・신비"라고도 했다. 마니교인들은 이 모든 것을 집대성하여 교회 전통 속에서 해석한 마니의 말씀을 기록하고 주해하며 전례서를 마련했으니, 이를 통틀어 마니교 교부학이라 일컬어 마땅하다.

① **거룩한 전기**(聖誌, hagiographie)

이 글은 마니의 일생에 관계되지만, 현대적 의미의 '일생'이나 '자서전'은 아니다. 그것은 교리서들로서, 마니의 예언자적 선교의 결정적 순간들을 되새겨 준다.

㉮ 『쾰른 대학 마니교 필사본』은 크기가 아주 적은 양피지(4,5 × 3,5cm)의 192쪽에 23행(글의 면적은 3,5 × 2,5cm)으로 씌어진 그리스어 필사본으로, 현재 독일 쾰른 대학 도서관에 보존되어 있다(정리 번호: P. Colon. 4780 = 1012 Van Haelst). 상이집트 리코폴리스Lycopolis/아시우트Asyut에서 나온 이 필사본은 권두에 표제로 "그의 육체의 탄생"이라고 씌어 있다. 고문서학적paléographique 연대 추정은 많은 논의를 일으켰다(4세기, 5세기, 6세기로 추정하며, 8세기로 추정하는 의견은 가능성이 적다). 이 필사본의 내용은 마니가 젊은 시절에 겪은 갈등을 윤리적 교훈으로 재생시켰는데, 이는 마니의 제자들, 바라이에스Baraiès · 아브예수Abjésus · 인나이오스Innaios · 티모테오스Timotheos · 자쿠Zaku가 교회 창시자를 다시 해석한 증언에 기초를 둔다. 이 문헌은 마니가 엘카사이 사상과 절교하고 새로운 종교를 세우기까지, 그의 영적 변천 과정을 이해하는 데 기본 자료가 된다.

㉯ 이집트 파윰Fayoum에서 발견된 콥트어 『강론집』은 48장(96쪽)으로 된 파피루스 필사본으로, 현재 아일랜드 더블린의 체스터 비티Chester Beatty 도서관에 보존되어 있다(정리 기호: Codex D). 이 『강론집』은 마니의 직제자가 저술한 교리교육을 위한 명상적 강론이다. 그 내용은 다음과 같다.

첫째는(1쪽, 1~7쪽, 7), 살마이오스가 기도 형식으로 쓴 마니의 죽음에 대한 애가哀歌다.

둘째는(7쪽, 8-42쪽, 8), 쿠스타이가 "대전大戰"이라는 제목을 붙인 『샤부라간』의 묵시록에 관한 명상서다.

셋째는(42쪽, 9-85쪽, 35), 십자가 처형에 관한 교리로 마니의 투옥과 죽음, 바흐람 1세 때에 이란 공동체가 받은 첫 박해를 되새긴다.

넷째는(86쪽, 1-96쪽, 27), 영광 속에 들어간 마니에 대한 찬사다.

이 네 작품은 마니의 초기 활동을 다룬 『쾰른 대학 마니교 필사본』과는 대조적으로 마니의 최후를 묘사한다. 그들의 비극적 아름다움은 윤리적이고 호교론적인 『쾰른 대학 마니교 필사본』과 대비를 이룬다. 이 두 집록集錄은 신자들을 희망으로 초대한다. 이 『강론집』에 상응하는 『베를린 필사본』은(옛 정리 번호: P 15999) 소실되었다.

㉰ 행전들praxeis을 기록한 필사본들은 마니교 역사를 연구하는 데 『쾰른 대학 마니교 필사본』과 『강론집』을 보충한다. 콥트어로 씌어진 『베를린 필사본』(P 15997)은 장들이 제각기 떨어져 나가 부분적으로만 읽을 수 있다. 그 중 한 장이 더블린에서 발견되었다(사진판은, *The Manichaean Coptic Papyri in the Chester Beatty Library*, vol. II, Genève 1986, 99-100에 수록되어 있다).

② 교리 해석서

㉮ 콥트어 『케팔라이아』는 마니의 가르침에 대한 교리 해석을 집대성한 것으로 이집트 파윰에서 콥트어로 번역된 800쪽이 넘는 책이며, 첫째 부분은 베를린에 보존되었고(P 15996), 둘째 부분은 더블린의 체스터 비티 도서관에 소장되어 있다(Codex C: 사진판은 *The Manichaean Coptic Papyri*, vol. I, Genève 1986). 마니교 편집자가 선택한 그리스어 표제 『케팔라이아』는 진정한 의미의 마니교 신학총서summa theologica

라고 볼 수 있다. 이 저서를 편집한 것은 배화교와 그리스도교 당국이 시작한 첫 논박에 대항하기 위하여, 스승의 사상을 세부 사항까지 명확하게 체계화시키고 발전시켜야 할 때였다. 편집한 제자들은 주로 『전설』을 겨냥한 공격에 대답할 방도를 찾는다. 그들의 논증은 마니의 우주기원론적 · 신통계보학적 논고에 제시된 각 상황, 각 낱말, 각 인물들이 다양한 면모를 지녔다는 사실을 보여 주는 데 주력한다. 거기에는 수많은 해석이 가능한 일련의 복합성이 내재되어 있다. 그 결과 실천적 주해들은 마니의 신화적 논고를 낭송할 때 깊이가 없는 역사적 이야기를 배제했고, 교회론을 위해 봉사할 수 있는 우의寓意적 학문에 기반을 둔 교리를 새로 조직하기에 이르렀다.

㉯ 『집회』Synaxeis는 전례典禮의 필요에 따라, 마니의 가르침과 그의 저서를 인용하여 주해한 또 다른 콥트어 모음집이다. 이 필사본은 단편으로, 현재 더블린(Codex B, 사진판: *The Manichaean Coptic Papyri*, vol. II, 101-26)과 베를린(P 15995)에 소장되어 있다.

㉰ 『중국어 논고』: 툰황 굴에서 발견된 큰 필사본 두루마리는 현재 북경에 보존되어 있는데, 10세기에 씌어진 것으로 추정한다. 필사본의 표제가 있는 첫 부분은 분실되었다. 두 프랑스 학자가 이 두루마리의 원문과 번역을 출간하면서, 그 단행본에 "중국에서 발견한 마니교 논고"라는 표제를 붙인 이래 모든 사람이 이 원본을 습관적으로 그렇게 불렀다. 논고는 이란 원천 문헌에서 마니교 우주기원론과 신통계보 설명을 주해한 듯하다. 『케팔라이아』와 같이 범汎우의적 해석panallégorisme 방법을 사용하여, 불교 경전 『수트라』Sutra(강론)의 문학적 환경을 채용한 것으로 보아 이 문헌은 마니교 가르침을 불교의 문화권에 적응시키려는 시도로 볼 수 있다.

③ 성시聖詩

㉮ 콥트어 『시편』: 이집트 교회에서 사용한 이 교창交唱 성시집은 중간 크기의 파피루스(27 × 17,5cm)에 씌었고, 출처는 파윰으로, 아일랜드 더블린의 체스터 비티 도서관에 소장되어 있다(Codex A). 둘째 부분만 알베리C.R.C. Allberry가 1938년에 원문과 영어 번역을 함께 실어 출판했고, 첫째 부분은 아직 사진판으로만 되어 있다(*The Manichaean Coptic Papyri*, vol. III, Genève 1988; 둘째 부분의 사진판은 vol. IV, Genève 1988). 필사본을 복사한 사람이 둘째 부분 끝에 모든 숫자를 붙여 만든 시편 전체의 목록을 첨부했다. 이 시편들은 필요한 축일 전례의 필요에 따라서, 또 시편의 작가별로 다시 분류했다. 예를 들면 집회와 주일과 부활 전례를 위한 시편들, 헤라클레이데스Héracleidès의 시편, 주일 전날과 베마Béma 축일을 위한 시편들, 예수께 바치는 시편, 그리고 다시 헤라클레이데스의 시편들을 볼 수 있다. '예수께 바치는 시편'이란 제목은 필사본에서 취한 것이 아니고 현대 저자들이 만든 것이다. 용도가 명시되지 않은 많은 시편은 혼합 시편으로 분류했다. 번호가 붙은 시편 뒤에는 번호가 없는 찬송시들이 있는데, 그것들은 틀림없이 전례에 사용되지 않았을 것이다. 이들은 혼합 시편, 순례 시편, 헤라클레이데스 시편, 토마 시편 등이다. 폴로츠키는 이 마지막 시편들이 만데아교의 찬송시들인데 마니교 시편에 합류되었다고 본다. 이 시편 전체는 매우 가치 있는 불후의 작품이며, 4세기 중엽의 생생한 마니교의 전례 기도를 감상할 수 있게 한다.

같은 시대 마니교 전례 기도의 귀중한 증거는 널빤지에 쓴 필사본으로, 다클라Dakhlah 오아시스의 룩소르Louqsor 서쪽 365km 지점에 있는 켈리스Kellis(오늘날 이스만트 알-카라브Ismant al-Kharab라고 부름)의 고고학적 발굴 현장에서 발견된 것이다(이 고고학적 발견에 대해서는 I. Gardner, *Orientalia*, 1993, 30-59 참조).

㉴ 이란어 『찬송시』: 콥트어 『시편』과 같이, 이란어를 사용한 마니교 신자들도 목록을 갖춘 교창 성시집을 가지고 있었는데, 이 성시집은 투르판 필사본 단편들 속에서 발견되었다. 그 가운데 펠비어로 된 필사본에서 두 편의 찬송시가 알려졌다. 곧 「살아 있는 나의 찬송」*Gowishn ig griw zindag*과 「빛나는 나의 찬송」*Gowishn ig griw roshn*이다. 헤닝이 이 찬송시들을 연구한 이후로 필사본 재구성에 대해 아무런 새로운 제안이 없었다. 파르티아어 필사본에는 시의 작자인 마르 암모의 이름으로 두 편의 긴 찬송시가 있고, 1954년에 이란학 대가 보이스M. Boyce의 배려로 그 필사본 단편들이 아름답게 재구성되었다(파르티아어와 소그디아어 필사본 단편들은 준더만W. Sundermann에 의해 사진판으로 출판되었다: *Corpus Inscriptionum Iranicarum*, Suppl. Series II, 1990). 두 찬송시의 제목은 첫 구절에 따라 붙여졌는데, 「우리의 운수」*Huwidagman*와 「풍부한 빛」*Angad roshnan*이 그것이다. 그 밖에 파르티아어 찬송시로 운율을 넣어 쓴 산문 찬송시 「와자르간 아프리완」*Wazargan afriwan*이 있는데, 소그디아어로는 몇 쪽 안 되는 필사본이 남아 있을 뿐이다. 콥트어 『시편』과 같이 그 찬송시들의 종교적 감성이 매우 주목할 만하며, 그들의 시적 가치와 예수가 마니교인들의 기도 안에서 중심 위치를 차지했음을 보여 준다.

㉵ 중국어 『찬송시』: 스물다섯 편의 찬송시 — 『하부찬』下部讚[53]이라고 부른다 — 가 툰황의 두루마리 필사본에서 발견되었는데, 현재

---

[53] 전문가들은 하부(下部)가 지상 세계를 의미하는지 찬송시의 제2권을 가리키는지를 두고 의견을 달리한다.

런던 국립도서관에 보존되어 있다(진열 번호: 대영 국립도서관 Or. Stein 2659). 이 두루마리에 있는 찬송시 제13편은 이란어 찬송시 「우리의 운수」 제1편 전체를 번역한 것이다(헨닝이 1943년에 확인). 중국어 찬송시는 파르티아어 마니교 시를 불교 문화 세계에 적응시킨 것이다. 파르티아어와 콥트어 『시편』은 내용상 동일한 특징을 지닌다.

④ 실천적 안내서

나중에 저작되기는 했지만 다음 두 작품은 문학적 형식과 내용이 독창적이어서 그 특징만 알리기로 한다.

㉮ 『크와스트와네프트』 Xwastwaneft(고백 서식): 10~11세기 투르키스탄 Turkestan의 마니 교회는, "선택된 자"들과 "방청인"들이 죄를 고백하는 서식을 가지고 있었다. 이 고백 서식은 선택된 자들을 위한 소그디아어 서식문 필사본 단편, 특히 M 801 속에 보존되었고, 후기 펠비어로는 단 하나의 필사본 M 201에서 찾아볼 수 있다. 그와 반대로 투르판 지방에서 발견된 "방청인"을 위한 온전한 서식문은 소그디아어 원본에서 옛 터키어로 번역되었는데(대영 국립도서관 Or. 8212), 그것을 폰 러 콕Von Le Coq과 방Bang, 아스무센Asmussen이 연이어 출판했다. 이 서식문은 벌받을 죄의 목록이 아니라, 중세 그리스도교 호교론처럼 신앙을 고백하고 신앙의 본질적 핵심들을 선언하기 위한 것이다. 이 여러 항목들은 실천이 부족하거나 고백 신조와 모순되는 사항을 자동적으로 규정한다. 옛 터키어 『크와스트와네프트』는 각 교리 항목을 거스른 잘못에 용서를 구하는 서식이다. 이런 서식문이 베마 축일의 예절에 포함되었으며, 주례자가 이를 신자들의 이름으로 낭송했다.

책 101

㉓ 중국어 『법의략』: 툰황에서 발견된 필사본 두루마리의 첫 부분(5조항)의 표제는 "摩尼光佛敎法儀略"이다. 집필 연대는 731년으로 추정되며, 현재 런던에 보존되어 있다(대영 국립도서관 Or. Stein 3969). 둘째 부분(5-6조항)은 파리에 보존되어 있다(파리 국립도서관 Or. Pelliot chinois 3884). 6조항 끝과 그 뒤에 오는 조항들은 지금까지 발견하지 못했다. 유일한 이 마니교 문헌은 불교 용어에 정통한 마니교의 한 주교가 파르티아어에서 중국어로 번역했다. 이 문헌은 간추린 교리 교본 ─ 펠리오Pelliot의 표현 ─ 으로 마니교 사상 전체를 중국어로 써서 당唐 제국의 종교 예식 관리국에 바치려 한 것이다.

여섯 조항으로 된 스타인 필사본과 펠리오 필사본은 다음과 같이 구성된다.

1) 마니의 신분(육체를 취하여 그 땅에 온 사자), 그의 이름과 칭호, 그의 고유한 교리(마니교의 연대와 창시자의 인격).

2) 마니의 육체적 표상에 관한 규정들(마니를 어떻게 빛의 붓다로 표현할 것인가?).

3) 경전의 목록과 성상聖像들에 관한 규정(칠경七經, 성상, 전승).

4) 오품五品에 관한 규정(교계와 각 품에 해당하는 의무).

5) 수도원 건물 규정(방의 수, 선택된 자들의 생활양식).

6) 입교 규정(마니교 신자가 되기 위한 이원론과 삼시三時의 수용).

· III ·
공동체

예수는 계승자들에게 정성스레 복음을 쓰고 교회를 조직할 임무를 맡겼다. 여기에서 불화와 논쟁과 교파가 생겨난다. 이와는 달리 마니는 제자들이 단일성을 보존하도록 마니 스스로가 복음을 쓰고 자기 종교를 하나의 교회로 조직하고자 했다. 마니는 동시대인들에게 자신이 "예언자들의 봉인"이기 때문에 희망과 정의는 자기와 함께, 자기를 통해서 왔다고 선포했다. 마니의 부름에 응답한 사람들이 번성하여 공동체를 조직하고, 정성스럽게 마니의 책을 필사하고 성상을 그렸다. 마니는 그들 각자에게 양떼를 맡기고 직책을 주었다. 시작부터 중세에 이르기까지, 이 공동체의 교회적·교직적 구조 자체에 대한 계속된 증언들은, 교회의 제도적 특성을 마련한 마니의 예언자적 카리스마를 부정하는 것이 그릇된 일이었음을 말해 준다. 마니는 예언자인 동시에 입법자였고, 강력한 지도력을 갖춘 사도 공동체의 조직자였다. 문헌들은 그가 교회의 머리이고 모든 형제는 그 지체라고 말한다. 마니는 신들과 인간들이 "거대한 우주체"corps du monde 속에 탄생한 우주 생성 이야기를 묘사할 때와 똑같은 정밀성으로 자기 육신의 탄생을, 이 지상의 종교들 가운데 있는 자기 교회와 비교하여 묘사했다. 마니교가 특별히 이란 세계에서, 그렇게 오랫동안 이슬람교에 저항할 수 있었던 것은, 마니의 육신이 신세진 강한 정신 때문이었다. 그 강한 정신이 제도들을 구상하게 하고, 그 제도를 바탕으로 공동체를 조직한 사실을 인정해야 할 것이다.

1. 교계敎階

중국어 『법의략』의 제4조 외에도 마니교 구성에 대한 두 편의 중요한 본문이 있다. 옛 마니교 신자였던 아우구스티누스 성인의 간접 원천과, 투르판에서 발견한 『사도들에게 보내는 찬송시』에서 따온 문헌이 그것이다.

히포의 주교가[54] 428~429년에 저술한 『이단자』[55] 제46장에 따르면, 마니교 신자들은 교회에서 두 직책professiones으로만 구성되기를 원했다. 곧 "선택된 자"electi와 "방청인"auditores이다. 그들은 선택된 자들 중에서 열두 명을 선택하여 "스승"magistri이라 부르며, 열세 번째가 그들의 "지도자"princeps가 된다. 72명의 "주교"가 있는데, 그들은 스승에게 서품을 받고, 또한 "사제"presbyteri는 주교에게 서품을 받는다. 주교들은 봉사자diaconi라는 칭호도 받는다. 그 밖의 사람들은 "선택된 자"라고만 한다.

중페르시아어 투르판 필사본(M 801)에[56] 보존된 『사도들에게 보내

---

[54] 아우구스티누스 성인은 430년 8월 28일에 사망했음.

[55] 완전한 제목 De haeresibus ad Quodvultdeum을 의역하면 『쿠옷불트데우스를 위해서 쓴 반이단서』이다.

는 찬송시』는, "모든 봉사자와 집 장상(감독), 합창단 지휘자, 사려 깊은 강론자, 근신한 신자, 아름다운 목소리를 가진 가수, 정결하고 거룩한 모든 형제bradaran, … 공동체와 수도원에 있는 거룩한 동정녀 자매wxarin, … 그리고 모든 방청인들은 동방·서방·북방과 남방에서 온 형제와 자매들"이라고 열거한다.

따라서 교회는 크게 두 체제를 포용한다고 볼 수 있다. 이 두 체제는 사회의 경제 활동에 종사하는 대중 평신도(다섯째 계급)와, 넓은 의미에서의 "수도자"religiosus로 구성된다. 좁은 의미에서 "수도자"들은 선택된 자, 의인義人(justus), 완전한 사람, 성인이라고 부른다(넷째 계급). 이들 가운데서 성직자를 뽑으며 그 수는 제한된다. 첫째로 사제가 된 장상과 감독(셋째 계급), 그다음으로 전례 종사자와 교회의 시종으로, 정확히 말하자면, 주교가 된 봉사자들(둘째 계급)이며, 끝으로 신앙의 증거자, 곧 스승이나 사도라고 부르는 박사로, 그들에게는 교리를 수호하고 교구의 행정과 선교 정책을 맡아 보아야 할 책임이 있다(첫째 계급). 이 피라미드 맨 위는 신도들의 총지도자로 바빌로니아에 있는 마니의 계승자가 자리 잡는다.

다섯째 계급의 평신도와 넷째 계급의 수도자는 그 수가 정해져 있고, 전자에게는 권리와 행위, 후자에게는 행위를 제한했다. 성직자 각 계급의 수도 정해지는데, 셋째 계급에 속한 장상과 감독들은 360명을 넘지 못한다. 이 숫자는 달력의 한달 날수에 일력日曆의 12개월을 곱한 숫자다. 둘째 계급에 속한 봉사자는 72명이며, 이는 예수가 선교하러 파견한 제자들의 수에 상응한다(루가 10,1: 시리아어 신약성서와

---

[56] M. Boyce, *A Reader in Manichaean Middle Persian and Parthian Texts with Notes*, Leiden 1975, 원문 번호: cu 23-25.

『통합 복음서』*Diatessaron* 참조). 첫째 계급에 속한 박사의 수가 열두 명인 것은 예수가 선택한 제자가 열둘이기 때문이다(마태 10,1-2 참조).

뚜렷이 구분되는 것은 성직자와 평신도가 아니라, 수도자와 평신도다. 평신도의 생활에서 수도자의 생활로 넘어간다는 것은 철저한 삶의 변화를 의미하며 선택된 자들의 공동체 집회에서 판정한다. 평신도와 수도자는 남녀(형제, 자매) 모두에게 허용된다. 그러나 상위의 세 계급은 남자에게만 열려 있다. 평신도는 평상복을 입지만 수도자는 백의白衣를 입고 흰 두건을 쓴다.

각 평신도 공동체는 아버지와 같은 스승이 장상이 되며 장상은 율법 준수 적용과 신도들에게 교리를 가르칠 책임이 있다. 장상은 "방청인들의 스승"(중페르시아어로 niyoshagbed)이요 맏형으로서 셋째 계급에 속한다. 일상생활에서 형제들은 수도자에게 순명과 선의를 보여야 한다. 평신도는 수도자를 대할 때 존경의 표시로 무릎을 꿇고, 수도자는 평신도 위에 기도하는 자세로 손을 얹는다(아우구스티누스의 진술). 수도자에게 모욕적인 말을 하면 당장 공동체에서 축출 선고를 받는다. 수도자도 공개된 장소에서 파계하면 똑같은 벌을 받는데, 파문 처벌은 먼저 공동체의 집회에 사건을 알리고 합의 판정을 거쳐 선고받게 된다.

넷째 계급의 형제 자매들은 수도원이나 절간 같은 데서 독특한 공동체 생활을 한다. 수도원(중페르시아어로 manestan; 페르시아어로 khangah)은 도시에 있으며, 헌납獻納과 기금基金으로 살아간다. 수도원은 마니교 종교 예식의 참된 중심이요, 영적 생활과 문화 활동의 온상이다. 그러나 마니교가 비밀결사(불법 단체)로 선고받은 지역에는 수도원 설립이 제한된다. 수도원에는 무엇보다 필사실과 서재(도서관, 성서와 성상들이 있는 방), 병실, 공동체 모임을 위한 회합실, 흠숭 기도를 바치고 고해하는 건물, 단식을 위한 건물 등이 있다. 그러나 주방이나 식품 창고는 없다. 매일 평신도들이 음식을 가져오기 때문이다.

수도원의 행정은 상위 세 계급들의 권한 아래 있으며, 전례를 맡은 형제들과 찬송시를 읊는 합창 지휘자(중페르시아어로 afrinsar)는 특별히 높은 자리를 차지한다. 합창과 기도문 낭송에 생을 바친 사람들도 같은 대우를 받는다. 이들은 전례 주기에 맞는 찬송시를 선택하거나 새로운 찬송시를 작곡하기도 하며, 전례의 진행을 조정한다. 강론자xrohxwan는 좋은 평을 듣도록 형제들의 교육을 감독하며, 형제들에게 강론하는 방법을 가르칠 의무도 있다. 일단 그 교육을 받은 형제들에게는, "종교를 지속하고 증진하는, 그리고 종교가 없는 곳에 종교를 전파하는 사도가 될 차례가 주어진다"고 한다(아우구스티누스는 부정적 의미로 "종교" 대신 "오류"라고 한다. 『이단자』 46). 모든 수도자는 기도하고 노래할 뿐 아니라 강론까지 해야 하기 때문이다. 필경사들은 성서와 교창 성가집을 예술적 서체로 정서한다. 성가대의 가수mahrsray는 전례 중에 조화로운 성가 진행을 담당하면서 형제들에게 합창을 가르치기도 한다. 중국어 『법의략』은 수도원 성무일과의 "월별 담당자"에 대해서 언급하는데(펠리오), 고티오Gauthiot는 그를 "강론 낭송을 감독하는 사람"이라 하고, 벤베니스트[57]는 그를 "교회 설립 기금 담당자"라고 한다.[58]

---

[57] Êmile Benveniste (1902~1976)는 프랑스의 언어학자로 인도-유럽어의 비교 연구, 1929~1935년에 Gauthiot와 함께 이란-소그디아어 연구, Saussure (1857~1913)의 기호학적 가설을 더 발전시켰다.

[58] 중국어 『법의략』 94-5행: 第三 謁換健塞波塞ehuanjiansaibosai 譯云月直. 專知供施.

아주 적은 인원의 수도자들만 첫 상위 세 계급의 직책을 맡는다. 이 소수 고위직 정책의 기원은 메소포타미아 그리스도교계에서 찾을 수 있다. ① 박사(시리아어 malpan)는 창시자가 세운 종교 전통인 교리를 가르치고 지키는 일을 계속하고, ② 집행자minister는 교회 전례의 조직과 교구(중페르시아어 paygos) 행정에 봉사diaconus하거나 감독episcopus한다. ③ 가장家長/장상(그리스어로 oikodespotês) 또는 형제들의 장상(그리스어로 presbuteros)들은 사목적 직무를 맡은 주교를 보좌하고 공동체를 운영한다. "가장"이라는 교계 칭호는 쿰란에서 유래했다. 쿰란은 마니가 교육받은 바빌로니아 세례주의에 영향을 끼쳤다. 수도자와 평신도들은 서로 다르면서도 서로를 보완하는데, 수도자가 평신도의 영원한 구원을 보장하고 평신도가 수도자의 물질적 생존을 보장하는 기본 개념은 불교에서 유래한 듯하다. 따라서 마니교 수도주의는 그리스도교의 표본으로 환원될 수 없다. 왜냐하면 마니교의 수도자들은 격리되어 자급자족으로 살아가지 않기 때문이다. 마니교의 예언론과 교회론은 발렌티누스의 영지주의 이전에 있던 사상도 아니다. 예언론적 교리와 교회의 구조는 마니교의 고유한 특성을 형성하고 그들의 역사와 제도에 뿌리박고 있었기 때문이다.

마니 교회의 조직

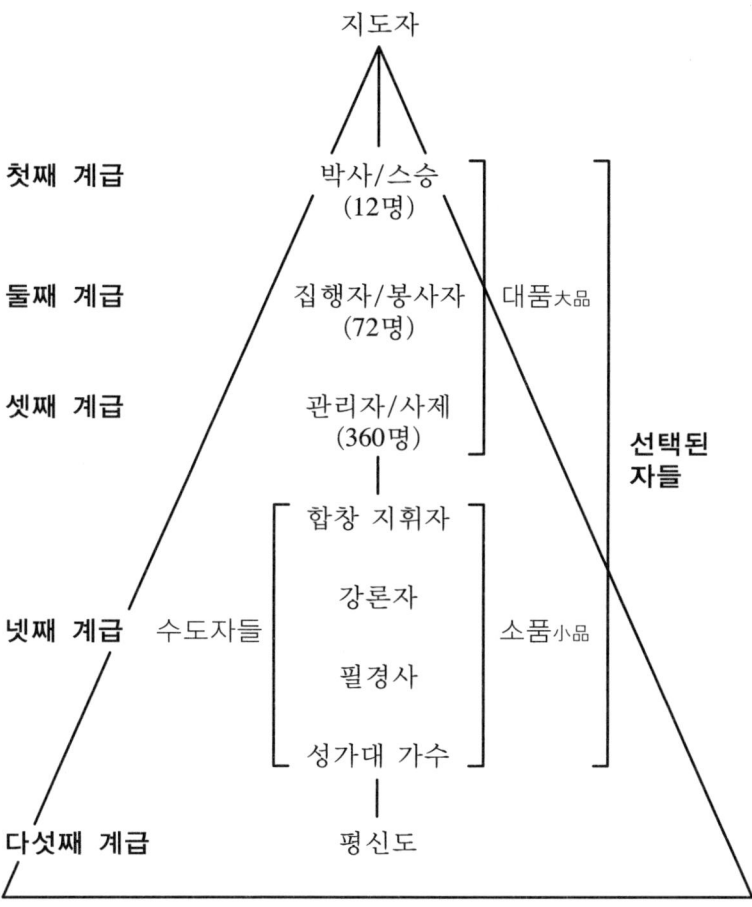

계급과 직책명 비교표 I

	그리스어	콥트어	라틴어	아랍어	시리아어
지도자	arkhêgos	p-arkhêgos	princeps	imam	qphalpala
첫째 계급 — 박사					
동의명: 스승	didaskaloi	n-sah	magistri	mu'allimun	malpane
사도	apostoloi	n-apostolos			
둘째 계급 — 집행자					
동의명: 봉사자		n-shmshete	diaconi	mushammisun	mshamshane
주교	episcopoi	n-episcopos	episcopi		
셋째 계급 — 관리자	oikodespotai				
동의명: 사제	presbuteroi	n-presbuteros	presbyteri	qissisun	qashishe
넷째 계급 — 수도자			religiosi		
동의명: 선택된 자	eklektoi	n-sôtp	electi		
의인	dikaioi	n-dikaois		siddiqun	zaddiqe
완전인			perfecti		
성인		netouabe	sancti		
직책: 합창 지휘자					
강론자					
필경사					
성가대 가수	psaltai	n-psaltês			
다섯째 계급 — 평신도					
동의명: 방청인			auditores	samma'un	shamu'e
교리 수강자	katékhoumenoi	n-katêkhoumenos			

계급과 직책명 비교표 II[59]

	중국어	펠비어	파르티아어
지도자	yen-mo	sarar	sarar
첫째 계급 — 박사	mu-zhu 慕闍		
동의명: 스승	譯云承法教道者	hammozagan	ammozhagan
사도		frestagan	
둘째 계급 — 집행자			
동의명: 봉사자	sa-bo-sai 薩波塞	ispasagan	ispasagan
주교	bu-duo-dan 拂多誕		
	譯云侍法者亦號拂多誕		
셋째 계급 — 관리자/장상		mansararan	mansardaran
동의명: 사제	mo-xi-xi-de 默奚悉德	mahistagan	
	譯云法堂主		
넷째 계급 — 수도자	tien-na-wu 電那勿	denawaran	denabaran
동의명: 선택된 자		wizidagan	wizhidagan
의인	a-luo-houan 阿羅綏	ardawan	ardawan
완전인	譯云一切純善人		
성인			
직책: 합창 지휘자	a-fu-yin-sa 阿拂胤薩	afrinsaran	afriwansaran
강론자	hu-lu-huan 呼嚧喚	xrohxwanan	
필경사	譯云教道首專知獎勸	dibiran	dibiran
성가대 가수		mahrsrayan	
다섯째 계급 — 평신도			
동의명: 방청인	nou-sha-yan 耨沙嗟	niyoshagan	nigoshagan
교리 수강자	譯云一切淨信聽者		

---

[59] 편역자는 미쉘 따르디외(M. Tardieu)의 일람표에 중국어 『法儀略』을 참고하여 한문 명칭을 삽입하고 중국어 해석도(譯云 …) 보충하였다. 중국어 명칭은 펠비어나 파르티아어 명칭을 중국 문자 체제로 바꿔 쓴 것이다. 이를 보여 주기 위해서 중국어 목록 뒤에 두 언어의 명칭을 넣었다.

2. 수도자의 윤리 법규

『사도들에게 보내는 찬송시』(M 801 펠비어)가 명시하는 바와 같이, 모든 수도자는 오계명andarzan과 삼봉인三封印(muhran)을 준수해야 한다. 선택된 자들의 고해 서식은 소그디아어 필사본(M 801)의 둘째 부분에 씌어 있는데, 단지 오계명의 내용을 명시한다. 불행히도 현존하는 필사본 단편은, 둘째 계명은 완전히, 셋째 계명은 부분적으로, 넷째 계명은 몇 줄만 읽을 수 있을 뿐이다. 한편 오계명의 목록은 소그디아어 필사본(M 14v)과 콥트어의 『베마 축일 찬송시』 235편에 수록되어 있다.

소그디아어	콥트어
1. 진리	거짓말하지 마라
2. 비폭력	죽이지 마라
3. 종교적 태도	고기 먹지 마라
4. 입의 결백성	결백하라
5. 가난의 진복	가난의 진복

삼봉인(라틴어로 tria signacula; 아랍어로 thalath khawatin)은 몸의 지체가 상징하는 대로, 평신도가 부분적으로 준수해야 할 세 계명을 말한다. 입의 봉인(라틴어로 signaculum oris)은 넷째 계명을, 손의 봉인(라틴어로 signaculum manuum) 또는 손의 평화(콥트어로 pmtan nncij)는 둘째 계명을, 가슴의 봉인(라틴어로 signaculum sinus) 또는 동정童貞의 정결(콥트어로 ptoubo ntparthenia)은 셋째 계명을 각각 가리킨다.

① 첫째 계명

소그디아어로 "진리"reshtyaq라고 부르는 첫째 계명은 폭넓은 의미에서 모든 거짓말을 금지한다. 거짓말은 종교적 신앙고백에 위배되는 모든 태도다. 선택된 자들의 삶의 본질은 진리의 사도인 마니 속에 강림한 파라클레토스 성령의 뜻에 자신을 맡기고 순종하는 것이다. 그 성령은 교회에서 활동하므로, 교회 창시자의 뜻에 복종하는 것이 신학적 의미에서 진리를 따르는 것이다. 그래서 선택된 자들은 첫째 계명을 자기의 종교적 삶 전체의 축軸으로 고정시키고, 마니처럼 끊임없이 세상 이곳저곳을 다니면서 강론하고 지도한다(알-비루니의 표현). 수도자들은 견고하게 진리에 뿌리를 박아야 한다. 곧 교회의 권위에 순종하며 창시자가 명한 사도적 선교에 자기 존재를 바치는 것이다.

② 둘째 계명

수도자들에게 부가한 모든 윤리 원칙 가운데 그리스도인들과 이슬람 신자들이 마니교에 대해서 가장 놀라는 것이 이 계명이다. 소그디아어로 "비폭력"(puazarmya)이라고 하는 둘째 계명 또는 "손의 봉인"은 수도자들에게 자연 속에 있는 모든 피조물, 동물·식물 속에 혼합되어 있는 다섯 원소, 빛·불·물·바람·공기 중 하나라도 상처를 입힐 소지가 있는 모든 폭력 행위를 금지한다. 이 계명의 우주론적 근거에 따르면, 모든 합성체는 혼합된 상태에서 해방을 기다리며 감금되어 있는 순수한 빛의 미립자微粒子를 내재하고 있다. 그리고 이 세상 위에 퍼져 있는 빛의 미립자 전체는 거대한 빛의 십자가를 만들고 그것이 예수의 고난Iesus patibilis을 어떤 모양으로든 지속시킨다. 그래서 어떤 합성체라도 훼손하면 비록 미소한 것이라도 빛의 십자가와 천상의 예수를 훼손하는 것과 같다. 결론적으로 "죽이지 마라, 상처 입히지 마라"고 한 둘째 계명은 한 식물이나 작은 동물에게까지도 적용된다.

여기서 농사의 금지가 유래한다. 투르봉Turbon은 『아르켈라우스Archelaus 행전』에서 다음과 같이 말한다. "추수하는 사람은 마초馬草 사이로, 강낭콩 사이로, 보리 사이로, 밀 사이로, 채소 사이로 지나가면서 그들을 꺾으며 추수한다. 누구든 닭을 죽이면 그는 닭이 될 것이요, 생쥐를 죽이면 생쥐가 될 것이며, 추수하면 추수될 것이고, 밀을 방아 속에 던져 넣으면 그도 한 번은 그 속에 던져질 것이다. 누구든 반죽하면 반죽이 될 것이요, 빵을 구우면 그도 구워질 것이다. 비폭력 계명은 상처를 치료하고 병을 고치기 위해서 무당들이 만든 약이나 어떤 종류의 의료 처방을 사용하는 것도 금지한다. 자연의 미소한 부분, 곧 한 덩어리의 흙도, 물 한 방울도, 눈송이 하나도, 이슬 한 방울도 고이 간직해야 한다." 수도자는 필사하는 도구·붓·판·종이 등을 부주의로 손상하면 형제들 앞에서 둘째 계명을 위반했다고 스스로 질책해야 한다.

③ 셋째 계명

소그디아어로 "종교적 태도"dentchihreft라는 뜻의 셋째 계명 또는 "가슴의 봉인"은 수도자들에게 극기만 요구하는 것이 아니고, 엄밀한 의미에서 모든 성적 관계가 금지된 완전한 정결 — 마니교 수도자들은 여자나 남자나 종신 독신을 지킨다 — 을 지키는 것은 물론, 광범위하게는 쾌락을 조장하는 접촉과 눈(雪)이나 이슬이나 부드러운 헝겊에 스치는 것까지 금지한다. 목욕하면 두 가지 죄를 짓는다. 물을 손상했기 때문에 둘째 계명을 범했고, 물이 피부에 흐르면 유쾌한 느낌을 느끼게 되므로 셋째 계명을 범하는 것이다. 셋째 계명은 수도자들에게 모든 생물, 동물이나 식물의 번식을 가까이나 멀리서 이롭게 할 수 있는 모든 행동을 금지한다. 만일 나무를 꺾으면 둘째 계명을 범하고 나무를 심으면 셋째 계명에 위반된다. 곧 누가 페르세아perséa나무를[60] 한 그루 심으면, 그 나무가 벌목될 때까지 그는 윤회론에 따라 여러 육체를 거쳐야 한다. 신학적 이유는 간단하다. 번식을 이롭게 한다는 것은 산 육체 속에 감금되어 있는 빛의 미립자를 결정적으로 해방시키는 절차를 한없이 연장하기 때문이다.

④ 넷째 계명

소그디아어로 "입의 결백성"qutchizpartya인 넷째 계명은 "입의 봉인"이라고도 하는데, 주로 음식에 관한 금지령이다. 모든 육식, 발효된 음료(맥주, 포도주, 쌀로 만든 술), 모든 종류의 우유 제품을 금지하는 이유는, 그것들을 마련하려면 일련의 폭력이 가해져야 하며, 그들이 지닌 빛나는 영혼들을 침해하기 때문이다. 마니교 수도자들의 음식은 완전한 채식이다. 이 밖에도 그들의 수도 정신은 평신도들이 제공하는 맛있는 과일을 선택하는 데 극도로 신중해야 할 의무를 포함한다. 그러나 채식으로 인한 공복감은 공동체 안에서 준수해야 할 엄격한 종교 생활과 오랜 단식에 비하면 아무것도 아니다. 그 밖에

---

[60] 이집트에 주로 서식하며 약용으로 쓰인다. 아기 예수가 부모와 함께 이집트로 피신했을 때 이 나무가 절을 했다고 전한다(소조메누스 『교회사』 5,21,8). 이 교인들이 이 나무를 숭배했다고 한다.

도 넷째 계명은 입에 넣는 것만이 아니라, 입에서 나오는 말과도 관련되어 있다. 수도자들은 말을 절제해야 하고, 교회의 정의를 사랑하는 예언자에 걸맞은 어조로 말해야 하며, 험구하거나 비방하거나 속이거나 신을 모독하거나 맹세나 거짓 맹세를 해서는 안 된다.

⑤ 다섯째 계명

수도자들이 지켜야 하는 맨 마지막 계명은 가난이다. 소그디아어로 "가난의 진복"dushtautch은 "새로운 인간"에 관한 산문(필사본 단편 M 14v)과 콥트어 『베마 축일 찬송시』(제235편)와 일치하며, 예수가 천국에 들어가는 조건으로 선포한 가난의 진복을 반영한다. 그래서 수도자들은 자신을 위해서는 아무것도 소유할 수 없고, 아무 재산도 받을 수 없다. 알-비루니에 따르면, 다만 하루 먹을 양식과 일 년간 입을 옷은 제외된다. 이러한 완전한 빈곤이 선택된 자를 자유롭게 하며 전적으로 강론과 기도에 정신을 쏟고 복음이 의미하는 "축복받은 사람"이 되게 한다. 한마디로 행복한 인간으로 만든다.

정의, 비폭력, 정결, 금육, 가난으로 마니교 신자는 마니가 선포한 진복眞福의 이상과 복음적 권고에 바탕을 둔 다섯째 계명을 실천한다. 주위의 모든 논쟁자는 마니교 신자들의 관습을 한없이 비웃는다. 허튼 소리와 악의들은 이루 다 헤아릴 수가 없다. 이슬람 신자인 알-비루니는, 적어도 필자가 아는 한, 마니교 수도자들이 영위한 생활이 윤리적으로 상당히 높은 가치가 있음을 인정한 유일한 고대 후기의 저자다. 알-비루니에 따르면 마니가 남색男色을 허락했다는 주장은 지나친 과장이다. 서방 세계에서 악마적이고 불건전하다고 본 마니의 이 윤리 법규는, 중앙 아시아 종족들의 풍습을 부드럽게 하는 데 공헌했다.[61] 피를 태우는 야만적인 관습을 가진 나라가 채소로 영양을 섭취하는 지역으로 변했고, 살육을 일삼던 국가들이 선행을 장려하는 왕국으로 바뀌었다(펠리오의 번역). 세 나라 말로 씌어진「카라 발가순[62]의 비문」에서 발췌한 몇 줄에서 오르콘 강[63] 주변의 위구르 제국에 마니교가 도입되었음을 알 수 있으며, 8세기 후반 터키-몽고 지역에 이러한 윤리관을 준 문화적 충격을 짐작할 수 있다.

3. 평신도의 윤리 법규

평신도들은 하찮은 마니교 신자들이 아니다. 평신도들에 대한 가혹한 평은, 마니교 평신도들과 함께 살아온 아우구스티누스에게서 그 이유를 찾아 볼 수 있다. "우리는 선택된 자요 성인electi et sancti이라는 사람들에게 양식을 가지고 갔다. 이 양식으로 그들은 '부른 배의 제조소'[64]에서 우리를 구원하기 위해 천사들과 신들을 제조했다"(「고백록」 IV,1,1). 평신도들은 수도자들과 같이 교회를 이루며, 서로 직책은 다르지만 보완 역할을 하게 된다. 수도자들은 전적으로 기도와 말씀을 위한 봉사에만 전념하고, 그들의 헌신적인 충고로 평신도들은 영원한 구원과 전례 행사의 참여를 보장받는다. 그래서 정착한

---

[61] "부드럽게 하다"라는 표현은 유럽에서 베네딕도 성인이 480~550년경에 "거칠고 야만적인 유목민"들을 그리스도교 문화로 흡수(文明化)하는 데 성공한 "고된 수도적 교육 방법"을 연상시킨다.

[62] 카라 발가순(Qara Balghasun 또는 Qara-Balasaghun)은 오르콘 강 상류(몽고)에 있는 도시로(지금의 오르콘 시), 744년 위구르족이 이곳을 수도로 정했다.

[63] 오르콘 강은 몽고 북쪽에서 셀렌가(Selenga) 강과 합류하여 바이칼 호수로 흘러 들어간다.

[64] in officina aqualiculi sui: 최민순 번역에 따르면, "그 위장의 공장에서".

공동체 117

평신도들의 윤리법은 사도적 방랑 생활에 몸바친 수도자들의 윤리법과 근본적으로 다르지 않다. 다만 교회법의 공식적인 문장이 이 둘을 다른 종류의 생활로 구분했을 뿐이다.

교회법상 평신도들의 의무는 정해진 고해 서식告解書式에서 알 수 있는데, 온전한 서식은 고대 터키어로 보존되어 있다. 다섯 가지 의무는 간단하고 명확하다. 그 순서는 이슬람의 "다섯 지주支柱"를 떠올리게 한다. 두 종교의 이 전례적 상봉相逢은 우연한 일이 아니다. 마니교는 이슬람에 예언론의 본질을 제공했고, 아울러 전례의 기초를 서식화하게 했다.

마니교 고해 서식	이슬람 다섯 지주
1. 계명들	신앙고백
2. 기도	기도
3. 자선 사업	자선 사업
4. 단식	단식
5. 죄의 고백	순례

① 십계명

십계명은 마니교 신앙 조항을 구성하며 그 골자는 사신四神이 방청인의 가슴속에 봉인한 사랑, 신앙, 하느님을 두려워함과 지혜다. 고대 터키어 서식은 이 사신이 누구인지 명시한다.

IB   선善만을 보호하는 거대한 성부의 절대적 초월성.[65]

IIB   해와 달의 데미우르고스를 통해서 매일 빛과 어둠을 구분하는 살아 있는 성령의 선함.

IIIB   빛나는 다섯 원소로 영혼의 지체들을 형성하는 태초 인간[66]의 삶과 권능.

IVB   하느님의 사신이며 구원의 전달자인 예언자들의 지혜, 달리 표현하면 수도자들 전체의 지혜.

십계명은 이 신앙고백을 실천에 옮기는 것을 목적으로 한다.

(1) 첫째 계명은 방청인에게 우상을 숭배하지 마라고 명한다. 우상을 포기함은 신인동형론神人同形論(anthropomorphisme)을 배척함과 관계 있다. 최상의 신(거대한 아버지)은 삶이나 죽음을 주지 않는다. 그에게 속하지 않은 것을 그에게 속하게 함은 죄다. 악신(마귀), 곧 악의 창조자에게 하느님께 말하듯 말하는 것도 이 계명에 어긋난다. 첫째 계명은 몸 전체에 관계되고, 나머지 아홉 계명은 세 봉인, 곧 입과 가슴과 손을 구분한다(IXA).

(2) 평신도는 입의 순결을 지켜야 하니 이는 신성모독, 거짓말, 거짓 맹세, 거짓 증언, 모략을 끊고 결백한 자를 옹호하는 것이다.

(3) 짐승의 고기와 발효 음료를 식탁에서 멀리한다.

(4) 예언자들에게는 부적절하고 무례한 말을 삼가야 하니, 이 수도자들은 "신의 참된 사신"으로 선한 일만 하기 때문이다(IVB).

(5) 혼인으로 맺어진 유일한 배필에게는 가슴에서 우러나오는 신

---

[65] "거대한 성부"를 "위대한 성부"로 번역할 수 있겠으나, 동방 사상에서 우주를 덮는 신과 태초 인간의 "물리적 거대함(크기)"이 중요한 역할을 하므로 전자를 택함.

[66] "태초 인간"은 랍비 문헌에 나오는 "אדם קדמון"(아담 카드모니)로, 필론의 성서 해석에 따르면 이상 세계(첫째 창조)의 아담이며, 마니교 전승에 따르면 빛 세계에서 빛의 원소로 태어난 아담이다.

의를 지킬 것이며, 단식일에는 서로 관계를 갖지 말아야 한다. 일부다처는 간음과 마찬가지로 금지되었다.

(6) 고통받는 사람들을 도와야 하며, 인색하게 대해서는 안 된다.

(7) 거짓 예언자들과 사기꾼들, 곧 마니교에서 파문당한 사람들과 배교자들을 따르지 않도록 조심해야 한다.

(8) 평신도는 자기 손으로 두발 가진 인간과 네발 달린 짐승, 날짐승, 물고기, 기는 짐승을 놀라게 하거나 상처 주거나 때리거나 고통을 주거나 죽여서는 안 된다. 그의 열 손가락이 "살아 있는 나"를 괴롭게 해서는 안 된다(IIIC).

(9) 도둑질이나 남을 속이는 일을 삼가야 한다.

(10) 끝으로 모든 요술 행위, 부적符籍 · 미약媚藥 · 주문呪文을 만들면 안 된다.

② 기도

마니교 평신도는 날마다 새벽부터 밤까지 일정한 간격을 두고 네 번 기도해야 한다(아침 해가 뜰 때, 낮 정오, 저녁 해가 질 때와 어두워질 때). 기도의 방향qibla은 낮에는 해를 향하고 저녁에는 달을 향한다. 만일 해와 달을 볼 수 없으면 북쪽 북극성을 향하여 기도한다. 마니교 초창기부터 이 기도 방향은 도처에서 비판과 그릇된 해석을 불러일으켰다. 마니는 『신비』에서 해와 달은 우리의 갈 길이요 우리 실존의 세계인 천상 조국에 귀향할 문이라고 응답한다. 기도 예식서는 정화와 세정, 모든 문장을 바르게 외워야 할 서식, 기도하는 태도, 꿇어 엎드림 등을 엄격히 규정한다. 이들 가운데 한 가지라도 소홀히 하거나 분심을 가지고 행하면 죄를 짓게 된다.

③ 자선

평신도의 특정한 의무는 수도자와 마찬가지로 청빈이다. 평신도는 재산의 10분의 1 혹은 7분의 1을 바쳐 세상사에서 자신을 정화하는 반면, 선택된 형제들의 공동체가 기도와 강론의 직무에 온 마음을 쏟을 수 있게 도와야 한다. 교회의 봉사는 결국 공동체가 정의를 실천하는 것이다. 평신도가 궁핍과 곤경, 혹은 다른 이유로 자선을 베풀 수 없을 때도 규칙에 순종하지 못한 데 대해 용서를 청해야 한다. 가장 흔한 선물 형식의 자선은 빵과 과일, 채소, 의복, 신발 같은 것을 주는 것이다. 평신도의 사회적 지위에 따라서 다른 형식의 자선도 있다. 포로·노예·죄수를 돈으로 사는 일, 먼 곳에 있는 형제들의 어려움을 구제하기 위한 값진 원조, 공동체를 위하여 하인이나 부자父子가 임시로 봉사하는 일, 각종 설립 기금을 교회에 바치는 일, 수도원 건물 유지비, 수도원 증축비 부담 등이다. 교회의 재원인 자선은 분배와 교환의 자리다. 재산의 일부를 내줌으로써 평신도는 구원을 받게 되고, 자선을 받은 수도자는 참된 가난을 배우며 그것이 성성聖性의 절대 조건이 된다.

④ 단식

평신도도 수도자처럼 매주 또는 해마다 단식의 의무를 이행해야 한다. 주간 단식은 주일, 곧 태양의 날에 한다. 이때 평신도는 음식뿐 아니라, 모든 성 관계와 수도 형제들과의 만남을 포기하고 세상사를 위한 노동도 중지한다. 단식은 교회와의 일치를 실현하며 평신도는 이날 교회의 완전한 지체로서 수도자들과 다름이 없다. 그러나 특히 고관, 상인, 목축업자들은 주일 단식을 파계破戒하는 경우가 드

물지 않았다. 8~10세기, 중앙 아시아에서 터키어를 사용하던 마니교 신자들의 고해 서식은, 광대한 지역을 유랑하는 유목민이나 불안정한 소시민들의 처지를 고려했다. 고의든 아니든, 게으름이나 무관심 때문에 단식을 놓치면 죄가 된다. 방청인도 연중 30일은 단식을 해야 하고, 각 축일에 앞서 일정한 간격으로 짧은 단식을 하는데, 베마 축일 전 단식이 절정을 이룬다. 연령에 따른 규정도 있고 그 해석도 지방마다 큰 차이를 보인다. 점차 이슬람화하면서 마니 교회의 경쟁의식 때문에라도 단식을 더 엄격히 지킬 것을 강조했다.

⑤ 죄의 고백

방청인이건 선택된 자들이건, 매주 '달의 날'인 월요일이 죄를 고백하는 날이다. 방청인은 수도 형제 앞에 무릎을 꿇고 생각과 말과 행동으로 범한 모든 죄의 용서를 구한다. 연례 고백은 집단으로 행해졌는데, 30일 단식의 마지막 날에 공동체가 모여서 주의 수난 예식, 곧 마니가 이 세상에서 마지막으로 당한 비극적 사건을 기억하는 예식 전에 실시한다. 주례자의 한 사람이 평신도의 의향으로 작성된 고해 서식을 낭송한다. 빨리 끝내려면 마감 서식만으로도 충분하다. 이로써 일년 동안 범한 죄가 사해진다. 그런 다음 새로 태어난 이의 새 마음으로 평신도는 공동체의 제일 큰 축일에 참석한다.

4. 종교 전례

그리스도교 지역에 살던 마니교 신자들은 주님 공현 축일, 부활절과 성령강림절을 계속 축일로 지냈다. 마니교의 고유한 주기 축일들은 창시자가 겪은 역사적 사건들을 토대로 하여 교회가 이상적인 날로 재구성했다. 곧 마니의 탄생, 천사의 부르심, 예언자의 파견, 수난과 죽음 그리고 첫 사도들의 순교다. 모든 축일은 세 가지 가치를 지닌다. 과거의 사건을 기억하고, 죄사함을 받은 신자들이 서로 통교通交를 이루며, 찬미가를 불러 최후 심판날에 있을 그들 종교의 승리를 알리는 것이다. 행성들의 주기를 토대로 한 전례는 역사의 세 사건을 총괄하고 현실화하는데, 그것은 교회의 역사적 기원, 교회 생활의 현실, 기다림과 희망의 종말이다.

마니교의 가장 크고 특별한 축일은 베마 축일, 곧 마니의 성좌聖座 축일 축제다. 베마(시리아어로 bima, 중페르시아어로 gah)는 그리스어로 본디 형벌에 쓰이던 단상壇上(estrade), 법정 좌석, 의자, 왕좌를 의미한다. 시리아 교회의 건축 구조를 보면 교회의 중랑中廊 가운데 베마가 세워졌는데, 그것은 교회의 주석主席인 주교좌로서 주교는 그곳에서 복음을 선포한다. 마니 교회에서 경신례를 행하는 곳에는 신자들 맞은편 5층 연단演壇에 고급스러운 융단이 깔려 있는데, 그것은 교계의 다섯 계급을 상징한다. 연단 위는 비어 있지만, 마니의 성좌béma 축일에 그 베마는 마니가 보이지 않게 공동체를 계속 가르치고 심판하고 인도함을 일깨운다.

이날은 모든 사람이 기념하는 참된 축일로서 그리스도인들의 부활절과 같다. 마니교 베마 축일은 그리스도교 축제에서 그 본질적 특성들, 곧 날짜(춘분)·준비(축일 전의 긴 단식·의미(수난)를 빌려 왔다. 마니교 신자들은 끊임없이 부활을 기념했지만 그 중요성은 베마 축일 속에 숨어 있다. 왜냐하면 마니교 신자들 생각에는 천상의 예수가 탄생할 수 없고 죽을 수 없으니, 그리스도교 부활 축일은 가현적

假現的 수난과 죽음을 기념하는 것일 뿐이지만,⁶⁷ 마니교의 베마 축일은 마니가 실제로 고통을 당하고 실제로 죽었음을 회상한다. 그래서 마니를 통해서만 부활이 참된 부활이 되었으며, 죽음에서 삶으로, 고난과 유배의 밤에서 영원한 행복의 빛으로, 육체와 세상의 감옥에서 재생의 윤회輪廻를 통한 구원에 이르게 된다.

베마 축제는 이를 준비하는 축제적 단식과 분리될 수 없다. 이 단식을 계산하는 규정들로 그 장엄한 날을 정한다. 이븐 안-나딤은 바빌로니아에서 사용한 마니 교회의 옛 역서에서 중요한 요소들을 보존했다. 이틀간 계속되는 첫째 단식은 태양이 사수좌射手座(Sagittaire)에 들어간 뒤 만월이 될 때(마니교 음력 11월 14~15일)에 행한다. 초승달이 나타나기 시작하면 이틀간 계속되는 둘째 단식을 시작한다(1월 1~2일). 이틀간 계속되는 셋째 단식은 다음 만월에 시작되니, 태양이 산양좌山羊座(Capricorne)에 들어갔을 때(1월 14~15일)를 말한다. 네 번째 30일 동안의 마지막 단식은 해가 지면 중지되는 단식으로, 태양이 수병좌水瓶座(Verseau)에 들어오고 초승달이 떠오를 때, 초여드레 뒤에 마니의 역사적 수난(2월 8일~3월 8일)에 맞추어 시작한다. 모든 지위의 마니교 신자들은 이처럼 가을이 끝날 때부터 겨울이 끝날 때까지 세 번 이틀간의 단식을 하면서 그들의 순교자 성인들을 생각하고, 그다음 30일 동안의 단식 기간에는 교회의 창시자를 생각한다. 이로써 한 해를 끝맺는다.

단식은 베마 축일 예식 거행과 함께 끝난다. 30일 단식의 시작(2월 8일)은 마니가 감옥에 들어가 쇠사슬에 묶였다고 생각되는 바로 그날

---

⁶⁷ 그리스도의 가현설은 영지주의 사상에서도 언급되었다(『영지주의자들』, 분도출판사 2005, 62쪽 참조).

에 해당되며, 단식의 마침은 그가 구원을 받고 승천했다고 추측되는 날에 해당한다. 코쵸Xotcho에서[68] 발견된 8~9세기의 마니교 미세화微細畵(miniature) 이외에, 베마 축일에 관한 중요한 기록은, 헨닝이 발간한 필사본 M 801(중페르시아어와 파르티아어)의 첫 부분과 소그디아어 필사본 단편(T II D 123)에 바탕을 둔다. 이 문헌들에는 예식의 시작이 없지만, 추측하건대 마니의 수난기, 곧 십자가의 처형(= 투옥)부터 육체를 떠남(죽음과 승천)까지를 낭송했다고 생각할 수 있다. 그다음 마니에게 전구를 비는 기도와 찬송이 따르고, 잠깐 휴식을 하게 한다. 그러고 나서 마니의 복음에 관한 장엄한 예식이 거행된다. 주례는 모든 신자가 경배하도록 이 복음을 내놓는다. 뒤이어 오는 참회 예절은 죄의 일반적 고백으로 구성되는데, 집행자들은 참가한 모든 사람의 이름으로 서식문을 읽고 마니에게 세 편의 찬송시를 노래하면서 용서를 빈다. 참회 예절 다음에는 봉인된 서간(중페르시아어로 muhr dib)을 낭송한다. 이 서간은 마니가 "예언자들의 봉인"으로서, 죽기 전에 자기에게 속한 사람들을 위해 쓴 마지막 전언이다. 그러고 나서 "용약勇躍하라!"를 노래한 다음, 승천한 사도 마니와 개선하는 교회에 영광을 드린다. 성체 배령은 방청인들이 선택된 자들을 위해 마련한 성찬의 형식을 취하는데, 참석자들은 특별히 광채의 미립자가 풍부한 아름다운 과일들을 나누어 먹는다. 축일 성찬은 감사의 노래로 끝난다.

축제 거행 전에는 온전히 기도와 찬가로 밤을 새운다. 투르판 문헌과 콥트어 『시편』 속에 보존된 대부분의 찬송시는 "베마"라는 주

---

[68] 미쉘 따르디외의 지도에 따르면, 투르판 동남쪽에 인접한 도시로 지금은 유적만 남아 있는 高唱(Gaochang)이다.

제를 중심으로, 이 축일 전날 밤의 행사를 위하여 작시된 것이다. 새벽이 되면 지성소의 문을 활짝 열어, 첫 태양 광선을 들어오게 한다. 그와 동시에 새벽에 떠오르는 태양을 마니라고 생각하며, 「새벽의 노래」가 울리면 방청인들은 과일과 빵을 선물로 가져와 금으로 된 삼각대 위나 연단 앞에 있는 성찬상 위에 놓는다. 그 주위에는 대야들이 놓여 있고, 평신도들이 꺾은 장미꽃 다발들이 그 대야들을 채운다. 금으로 된 항아리에는 과일즙을 담아 선택된 자들이 마시게 한다. 아마포를 바닥에 깐 다섯 계단의 베마는 마니의 어좌御座로, 그 위에 마니의 성화(icône)를 모시어 교회의 맨 윗자리에 앉아 있는 마니를 드러낸다. 마니교 신자들의 기쁨에 찬 위대한 날은 갖가지 색깔의 꽃과 노래로 시작된다.

> 승리의 베마여, 평화 있으라! 오늘 모든 나무가 새롭게 되었음을 보라! 아름다움을 뽐내는 활짝 핀 장미들을 보라! 그들은 꽃잎을 시들게 하는 속박에서 벗어났도다. 공기는 온전히 빛나고 땅도 꽃을 피우게 하며 바다의 파도는 잠잠해졌으니, 어두운 겨울은 과격한 소란과 함께 사라졌다(콥트어 『시편』).

· IV ·
만신전萬神殿(Panthéon)[69]

마니는 전설적 설화 『전설』*Pragmateia*에서 만물의 본질이 왜, 어떻게 생겨났는지 자신의 생각을 표현한다. 그는 시인이자 몽상가로 글을 썼다. 이는 그가 철학자도 신학자도 그리스인도 유다인도 아님을 뜻한다. 그의 생각에는 유다인의 성서를 폐기한 것이 역사적 메시아 예수의 가장 본질적인 공로다. 다시 말해, 마니는 율법에 기반을 둔 종교의 위선을 증명한 것이다. 그러나 계시와는 계속 상통했고 악이 왜, 어떻게 선과 혼합되었는지 설명했으며, 성서의 창세기는 폐기된 것으로 여겨 만물의 참된 창세기를 이야기하고 모든 역사의 시작과 경과와 끝을 설명했다. 그 전체를 들어, 마니는 두 원칙과 삼시三時를 논제로 삼는다. 마니가 이러한 계시를 할 수 있었던 것은 "예언의 봉인"에 속하는 권한 때문이었다. "예언의 봉인"만이 지혜와 학문의 충만을 실현한다고 여겼다. 그래서 마니는 자기가 묵시서들을 읽을 때 가장 강한 인상을 받은 것부터 이야기함으로써 자기 저서를

---

[69] "마니교 신화"로 이해하기 바란다.

시작한다. 그는 종말(분열)을 이야기하기 위해서 첫 저서 『샤부라간』을 썼고, 이전의 상태(창조 이전의 무한계)와 중간 상태(창조의 혼합)를 세부적으로 묘사하기 위하여 『전설』을 썼다. 『샤부라간』은 희망을 선포했고, 『전설』은 비극적 신화를 열거한다. 우리는 이 둘째 작품을 요약하는 대신, 테오도르 바르-코니가 남긴 글을 참조하기로 한다. 이 시리아 네스토리우스(景教) 신학자는 『전설』의 시리아어 원본을 요약했다. 날림으로 편집하고 사본 필사들의 오류가 여기저기 깔려 있지만, 이 문헌은 오늘까지 마니가 구상하고 쓴 마니교 신화에 대한 가장 완벽한 설명을 증언한다. (굵은 글씨는 이야기의 흐름을 더 잘 파악할 수 있도록 저자가 보충한 부분이다. 편역자는 혼동을 피하기 위해 마니교의 고유한 표현을 고딕체로 표기했다.)

1. 설화

① 이전 상태

하늘과 땅, 그리고 그 안에 있는 만물이 존재하기 이전에 두 본성 kyanin이[70] 있었으니, 하나는 선한 것이고 다른 하나는 악한 것이다. 선한 본성은 마니가 거대함의 아버지abba d-rabbutha라 부르는 신으로서, 빛의 땅에 살았다. 거대함의 아버지에게는 다섯 거실skinatha이[71]

---

[70] 키야닌(kyanin)을 "본성"이라고 번역했지만, 이 시리아어 개념이 "그리스도의 본성", 곧 그리스도의 "신성"(神性)과 "인성"(人性)으로 "단성파" 모노피지트(monophysites)와 "양성(兩性)파"인 네스토리우스파가 논쟁을 하는데 중요한 역할을 하였다. 시리아어 키야닌은 그 밖에도 여러 가지 뜻이 있다. 철학에서는 우주를 구성한 기본 "실체들"(substances)과 "원소들"을 가리킨다.

[71] "거실"(skinatha)은 "신성"(神性)을 표현하는 말이다.

있는데, 지성·인식(학문)·사고·반성·의식이 그것이다. 한편, 마니가 어둠의 왕mlek heshuka이라 부른 악한 본성은 어둠의 영역 또는 다섯 세계, 곧 연기·불·바람·물·어둠에서 살았다.

② 중간기

(1) 제1차 전쟁[72]

㉮ 적의敵意의 발동: 어둠의 왕이 빛의 땅의 아름다움을 알아차리고 시기하여 공격을 준비했다. 어둠의 왕이 빛의 땅으로 올라갈 계획을 세웠을 때, 다섯 거실(신성 세계)이 진동했다.

㉯ 거대함의 아버지는 첫째 배열의 부르심qrayta으로 공격에 대응하기로 결심했다(이것이 첫째 우주 창조다). 거대함의 아버지는 말했다. "나의 세계인 이 다섯 거실 가운데 어느 것도 전쟁에 내보내지 않을 것이다. 이들의 번영과 평화를 위해 내가 세상을 창조했기 때문이다. 나는 나 혼자b-nafshey 나가서 전쟁할 것이다." 마니는, "거대함의 아버지가 살아 있는 존재들의 어머니emma d-hayye를 불렀고, 살아 있는 존재들의 어머니는 태초인을 불렀고, 태초인은 자신의 다섯 아들을 불러 갑주甲冑를 입혀 싸우게 했다"고 말한다.

㉰ 태초인의 패전. 나하샤바트Nahashabat라는 천사가 승리의 관을 손에 들고 태초인 앞에 나타났다. 천사는 태초인 앞에 빛을 펼쳐 놓았다. 어둠의 왕이 이것을 보고 생각 끝에 "내가 먼 곳에서 찾던 것을 가까이에서 발견했구나"라고 말하니, 태초인은 자신nafsh-eh과 다

---

[72] 마니 교리는 창조를 전쟁으로 이해한다. 이는 어둠의 세력이 빛의 세력을 공격함으로써 우주의 본성들(실체·원소들)이 균형을 잃게 되고, 빛의 세력이 반격에 실패하여 어둠의 세력에 사로잡힘(감금됨)을 의미하기 때문이다.

섯 아들을 어둠의 다섯 아들에게 양식으로 제공한다. 이는 적대자를 독살하려고 빵 속에 독약을 넣는 것을 모방한 것이다. 그러나 (예상과는 달리) 어둠의 아들들이 (그것들을) 삼키자 광채ziwane의 다섯 신 — 태초인의 다섯 아들을 말함 — 의 지성은 멍해져 미친 개나 뱀에게 물린 사람처럼 되었다. 그것은 어둠의 아들들이 독을 가지고 있었기 때문이다.

㉔ 거대함의 아버지의 두 번째 반격은 둘째 배열의 부르심으로(이것이 둘째 우주 창조다), 살아 있는 영靈ruha hayya을 시켜 태초인을 구원한다. 태초인은 지성을 되찾고 거대함의 아버지에게 일곱 번 기도를 올린다. 아버지는 두 번째 부르심으로 빛들의 친구habbib nahire를 부른다. 빛들의 친구는 대건축사ban rabba를 부르고, 대건축사는 살아 있는 영을 부르고, 살아 있는 영은 그의 다섯 아들을 불러낸다. 곧 지성에서 광채의 장식粧飾(sfat ziwa), 인식에서 화려함의 대왕malka rabba l-iquara, 사고에서 빛의 아다마스Adamus-nuhra, 반성에서 영광의 왕mlek shubha, 의식에서 운반자subbala를 불러낸다. 그들은 어둠의 땅으로 가서 어둠이 삼켜버린 태초인과 그의 다섯 아들을 구해 낸다. 살아 있는 영은 큰 소리로 불렀다. 살아 있는 영의 목소리는 날카로운 장검長劍과 같다. 살아 있는 영은 태초인의 형상을 발견하고 "너희에게 평화가 있으라! 악인들 가운데 있는 선인이여, 어둠 속에 빛나는 자여, (빛의 아들들의) 화려함을 모르고 미친 동물들 가운데서 사는 신神이여!"라고 이른다. 그때 태초인은 "평화 속에 오라. 너는 번영과 평화의 임금賃金을 가지고 오는도다"라고 대답한다. 태초인은 또 "우리의 아버지들과 빛의 아들들은 그들의 왕국에서 다들 어떻게 지내는가?"라고 물으니, 부르심은 그에게 "그들은 다 잘 있다"고 대답한다. 부르

심과 대답'naya은 서로 합쳐져, 살아 있는 존재들의 어머니와 살아 있는 영에게 올라간다. 살아 있는 영은 부르심을 차려입고, 살아 있는 존재들의 어머니는 자기가 가장 사랑하는 아들의 대답을 차려입는다. 그러고 나서, 그들은 태초인과 그의 아들들이 있는 어둠의 세계로 내려간다. 이다음에 이어지는 이야기는 『케팔라이아』 제9장과 『아르켈라우스 행전』에서 (그리스도교의 주교) 투르봉의 말로 계속된다. 살아 있는 영은 태초인에게 오른손을 내밀어 그를 어둠에서 건져낸다. 살아 있는 존재들의 어머니는 자기 아들을 얼싸안고 그에게 입맞춤한다. 그다음에 태초인은 개선하여 빛의 땅에 있는 자기 족속들을 다시 찾는다. 제1차 전쟁은 끝나고 테오도르 바르-코니의 글로 다시 돌아간다.

(2) 첫째 중간기: **살아 있는 영**의 데미우르고스적[73] 작업

㉮ 아르콘들을[74] 도살하여 가죽으로 세상을 만드는 데 사용한다. 살아 있는 영은 자기의 세 아들에게 명하여, 하나는 어둠의 아들 아르콘들을 죽이고 또 하나는 그들의 가죽을 벗겨 살아 있는 존재들의 어머니에게 가져간다. 살아 있는 존재들의 어머니의 명령으로, 살아 있는 영이 그들의 가죽으로 하늘을 펼치고, 열한 층의 하늘을 만든다. 그리고 살아 있는 영의 세 아들은 그들의 시체를 어둠의 땅 위에

---

[73] 데미우르고스는 플라톤(Platon)의 『티마이오스』에 나오는 창조주다. 영지주의와 마니교 사상에서는 불완전한 하계(下界, 물질 세계)의 창조주, 곧 구약성서의 창조주를 말한다. 마니교에서는 살아 있는 영으로 표현된 것이 특이하다.

[74] 아르콘(Archon), 복수로 아르콘테스(Archontes), 라틴어로 princeps(군주, 왕자, 제후)나 magistratus(법관, 장관)를 의미한다. 그러나 영지주의와 마니교 문헌에서는 데미우르고스(불완전한 물질 세계의 창조신)를 시중드는 제후들로 보아야 할 것이다.

던져 여덟 개의 땅을 만든다.

㉭ **살아 있는 영의 아들들은 우주를 감독하는 책임을 맡는다.** 살아 있는 영의 다섯 아들은 저마다 직책에 임명된다. 광채의 장식(Ornement)은 그들의 신장腎臟으로 광채의 다섯 신을 떠받들고, 그들의 신장 밑에 하늘들을 펼친다. 운반자는 한쪽 무릎을 꿇어 땅을 받든다. 하늘과 땅들이 만들어진 다음, 화려함의 대왕은 하늘 가운데 자리 잡고 감시대를 세워 그들을 고정시킨다.

㉰ **해와 달의 창조와 우주 바퀴의 설치.** 그때 살아 있는 영은 자기 형제들을 어둠의 아들들에게 드러내 보였다. 살아 있는 영은 어둠의 아들들이 삼켜버린 광채의 다섯 신에게서 오는 그 빛을 정제하여 해와 달을 만든다. 이 두 선박(해와 달)에서 오는 남은 빛에서 살아 있는 영은 바람, 물, 불의 바퀴들을 만들었다. 그리고 그는 운반자 곁으로 내려가 이 바퀴들을 고정했다(필사본들에 따르면 "형성했다"). 영광의 왕은 바퀴들을 위해 궤도軌道를 불러서(= 창조하여) 설정했고, 이로써 지상에 묶여 있는 아르콘들 위로 바퀴들이 굴러갈 궤도를 설정했다. 바퀴들이 존재하는 이유는 광채의 다섯 신을 위한 것이며, 아르콘들의 독약이 그들을 소멸하지 못하게 하기 위해서다.

(3) 둘째 중간기: **선구자**에 의한 **물질 세계 창조**δημιουργια의 완성

㉮ 세 번째 부르심(= 창조). 선구자는 우주의 기계적 기능을 작동시킨다. 마니가 말하기를, 살아 있는 존재들의 어머니가 기도하려고 침대에서 일어났을 때, 태초인과 살아 있는 영이 거대함의 아버지에게 구원을 요청했다. 거대함의 아버지가 이 간청을 듣고 첫째 부르심으로 선구자(izgadda)를 불렀다. 그리고 선구자는 열두 동정녀를 그들의

옷과 관과 그들의 속성대로, 첫째는 왕권, 둘째는 지혜, 셋째는 결백, 넷째는 설득, 다섯째는 정결, 여섯째는 견고성, 일곱째는 신앙, 여덟째는 인내, 아홉째는 공정, 열째는 선함, 열한째는 정의, 열두째는 빛을 불러냈다. 선구자는 두 선박에 이르러 세 종(奴婢)을 시켜 선박을 움직이게 했다. 그는 대건축사에게 새로운 땅을 건설하게 하고, 세 개의 바퀴를 움직여 두 선박을 올라가게 한다.

㈏ 선구자가 나타나서 아르콘들의 사정射精을 부추긴다. 두 선박이 움직이기 시작하여 하늘 중간에 닿자 선구자는 자신의 남성과 여성 형체를 드러냈고 모든 아르콘과 남성과 여성을 지닌 어둠의 자녀들은 그것을 알아본다. 수려한 외모의 선구자를 보고 모든 아르콘의 남성들은 여성 형체에, 아르콘의 여성들은 남성 형체에 빠져 갈망에 불탄다. 그래서 그들은 광채의 다섯 신에게서 온 빛, 곧 자기들이 삼켜버린 그 빛을 자신들에게서 빠져나갈 수 있게 한다. 그래서 아르콘들의 죄(= 정자精子)가 생반죽 속에 들어간 머리카락처럼 아르콘들에게서 벗어난 빛과 혼합되어, 정자와 함께 선구자에게 들어가려고 한 것이다.

㈐ 선구자는 숨어서 빛과 죄를 분리시키려고 기도한다(식물과 동물의 기원). 그때 선구자는 자기의 형체를 드러내어 아르콘들의 죄(정자)와, 광채의 다섯 신에게서 온 빛을 분리한다. 그리고 빛에서 분리된 죄는 다시 아르콘들에게 되돌아가지만, 누구나 자기가 토한 것을 역겨워하듯 아르콘들은 돌아온 죄를 받아들이지 않는다. 그래서 죄는 땅 위에 떨어지는데, 절반은 습한 곳에 떨어지고 절반은 마른 땅에 떨어진다. 습한 땅에 떨어진 절반은 어둠의 왕의 모상에 따라 기괴한 야수가 된다. 그때 그에 맞설 아다마스의 빛이 파견되어 전투에서

승리하고, 뒤로 돌아가서 창으로 그의 심장을 명중시킨다. 아다마스의 빛은 그의 방패로 입을 막고, 한 발로는 머리를 또 한 발로는 가슴을 짓밟았다. 마른 땅에 떨어진 절반은 다섯 그루 나무의 싹을 싹틔웠다(우주 창조의 끝).

(4) 제2차 전쟁

㉮ 적대 감정을 일으킴 — 악령들이 (아담과 하와의) 반反창조 작업에 착수하여, 인류로 하여금 빛들의 유배流配를 영존永存시키려고 시도한다. 마니가 말하기를, 어둠의 딸들은 본성상 태초부터 임신한 상태였다고 한다. 그러나 그 딸들이 선구자의 아름다운 형체를 눈여겨보고 놀라 유산한다. 조산아早産兒들은 땅 위에 떨어져 나무들의 싹을 먹고 있었다. 그러면서 저희들끼리 상의하여 그들이 본 선구자의 모습을 회상한다. "우리가 본 모습은 어디에 있나?"라고 그들이 물으니, 아샤클룬Ashaqlun이라는 어둠의 왕자가 조산아들에게 "너희의 아들딸들을 나에게 달라. 그러면 내가 너희가 본 그런 모습으로 만들어 줄 것이다" 하고 말한다. 조산아들은 아들딸들을 아샤클룬에게 주었다. 아샤클룬은 아들들(남성들)은 자기가 먹고, 딸들(여성들)은 자기 배우자(女) 네브로엘Nebroël에게 주어 먹게 한다. 그러고는 네브로엘이 아샤클룬과 교합하여 임신해 아담이라는 한 아들을 낳았고, 또다시 임신하여 하와라는 딸을 낳았다.

㉯ 거대함의 아버지의 반격. 거대함의 아버지는 아담을 혼수상태에서 구하기 위해 광채의 예수를 보냈다. 마니가 말하기를, 광채의 예수가 혼수상태에 빠진 아담에게 다가가, 그를 죽음의 잠에서 깨우고 헤아릴 수 없는 영(= 악신)에게서 구출했다. 이는 마치 한 의인이 잔인

한 마귀에게 사로잡힌 자를 보고 재주를 부려 악령을 침묵하게 한 것과 같이, 친구 ― 광채의 예수 ― 는 깊은 잠에 빠져 있는 아담을 보고, 그를 깨워 그가 움직일 수 있게 하여 혼수상태에서 구해 내었다. 그리하여 친구는 유혹하는 악령을 멀리 쫓아버리고 유혹하는 여성 아르콘을 먼 곳에 고정시켰다. 그때 아담은 스스로nafsh-eh 탐문하여 자기가 살아 있음을 깨닫는다. 광채의 예수는 아담에게 높은 곳에 있는 아버지들(= 다섯 지능)을 보여 주고, 또 아담의 영혼이 표범과 코끼리의 이빨 속에 던져지고, 삼키는 것들에게 삼켜지고, 빠는 것들에게 빨리고, 개들에게 먹히고, 모든 존재들 속에 섞여 감금되어 있었으며, 어둠의 악취 속에 결박되어 있었음을 보여 준 다음 아담을 일으켜 생명의 나무를 맛보였다. 아담은 그것을 보고 울며, 으르렁 대는 사자와 같이 큰 소리로 부르짖었다. 그는 머리를 쥐어뜯고 가슴을 치며 "내 육신의 창조자에게, 내 영혼을 가둔 자에게, 나를 노예로 만든 악당들에게 화禍 있을진저!"라고 소리쳤다. 신들의 세계에서 끝난 제1차 전쟁은 인간의 세계에서 시작되는 제2차 전쟁으로 이어지고, 이 제2차 전쟁은 빛의 마지막 미립자가 물질들과의 혼합을 물리치고 아버지의 다섯 지능의 광채를 지닌 완전인에게 다시 귀환하기까지 계속될 것이다.

③ 종말

테오도르 바르-코니는 종말에 대해서는 아무 말도 하지 않는다. 그 이유는 당연하니, 『전설』의 내용이 종말론에 대한 것은 아니기 때문이다. 마니의 『샤부라간』에는 종말에 대한 언급이 나오는데, 여기서는 종말에 벌어질 제3차 마지막 전쟁을 대전大戰이라고 불렀다.

이 최후의 종말, 곧 신자들이 겪을 박해, 마니교의 우주적 승리, 예수의 재림, 마지막 심판, 세상의 몰락과 화재, 본성들의 결정적 분열 등에 관한 계속되는 신화들은 모두 젊은 마니를 키운 유다-그리스도교 묵시록에 속한다.

2. 마니교 만신전의 일람

마니교 만신전은 세 가지 특징을 지닌다: 극성極性, 오성五性, 다명성 多名性(polyonymie).

흔히 형이상학적 이원론으로 오해받는 이 극성은 우주와 살아 있는 존재들의 세계에서, 신神들과 반신反神들 사이에 벌어지는 변증법적 관계를 가리킨다. 마니교 신자들은 이를 전투-전쟁-대전쟁이라고 한다. 신화적 공간에서 남쪽을 차지한 악령들과 그들의 최상 두목은, 북쪽에 자리 잡은 일차적 존재의 초월성과 최상권을 문제로 삼는 역할을 하는 게 아니라, 세 번의 우주 창조에 배치된 신들을 돋보이게 하는 데 절대로 없어서는 안 될 필요악 역할을 하게 된다. 마니가 독창적 악신론을 창작하려 한 것이 아니다. 그 시대에 유행하던 민속民俗의 가장 초보적 상식이 그의 신통계보학(만신전)의 정수精髓를 구상하는 데 충분히 영향을 끼쳤다.

오성은 이 신통계보학을 조직하는 데 특별한 원칙이 된다. 이 점에 대해서는 다음 장에서 다루기로 한다.

다명성은 한 신에게 여러 이름을 부여함을 의미한다. 이는 마니교 신자들이 여러 지방에서 사용한 다양한 언어들 때문인데, 한마디로 혼합주의syncrétisme나 선교신학missiologie의 산물이라 할 수 있다. 마니의 사상에 따르면 이 다명성은 문화적 환경의 영향이 빚어낸 직접적 결과였다. 다시 말해 신들의 이름은 각 민족의 문화 속에서 천상적 교계의 기능들을 묘사하는 구실을 할 뿐이다.

① 귀신학鬼神學(Démonologie)[75]

어둠의 왕[콥트]

다른 이름들: 마귀魔鬼(Diable)[그리스, 라틴, 콥트]
아흐레만Ahremen[중페르시아, 파르티아, 고대 터키]
쉬마누/쉼누Shimanu/Shimnu[소그디아, 고대 터키]
어둠의 왕자[라틴, 콥트]
대大 아르콘Archon[그리스, 라틴]
휠레Hylé[시리아, 그리스]
물질[라틴]
악惡[라틴]

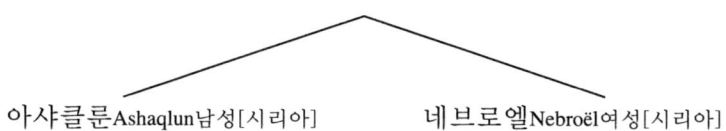

아샤클룬Ashaqlun남성[시리아]　　　네브로엘Nebroël여성[시리아]

---

[75] 우주 창조 이전의 세계, 곧 "선재하는 세계"에서는 물질 세계를 지배하는 어둠의 왕과 그에게 속한 가족-신하들이 빛의 세계를 지배하는 거대함의 아버지와 그의 신성들과 함께 조화와 균형을 이루고 있었기에 그들은 아직 악마(사탄)·악령이 아니었다. 우주 창조는 어둠의 세력이 빛을 삼키고 빛과 혼합되면서부터 시작된다. 서양의 원천 문헌들이 어둠의 왕을 악마(사탄)·악령으로 번역한 것은 그릇된 해석이다. 그러므로 Démonologie는 악마론이 아니다.

아샤클룬의 다른 이름들:

    샤클룬Shaqlun[중페르시아, 소그디아, 아랍]

    사클라스Saclas[그리스, 라틴, 콥트]

    발정기發情期의 왕자[그리스]

    노이路易(Lu-yi)[중국]

    정욕情慾[파르티아: 아와르즈호그Awarzhog]

    성욕性慾[중페르시아: 아즈Az; 파르티아, 소그디아]

    업나앙業羅怏(Ye-luo-yang) ← Nebroël[중국]

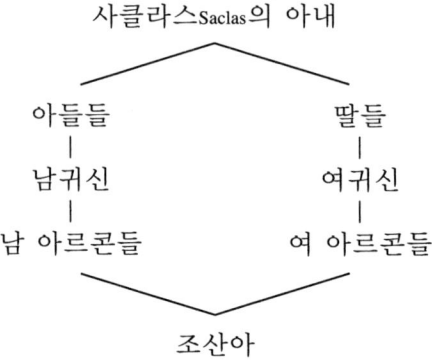

② 신통계보학神統系譜學(Théogonie)

    거대함의 아버지[콥트]

다른 이름들: 빛의 아버지[파르티아]

    빛들의 찬란한 아버지[콥트]

    하느님[콥트]

선한 하느님[그리스]

스로샤우Sroshaw 신[파르티아]

주르완Zurwan[중페르시아, 소그디아: 아즈루아Azrua, 고대 터키: 에즈루아Äzrua]

낙원의 주권자[중페르시아, 파르티아]

빛의 낙원의 주권신[소그디아]

빛의 정원의 왕[아랍]

명존明尊(Ming-zun)[중국]

대왕[아랍]

빛 세계의 왕[아랍]

진리의 하느님[콥트]

참된 하느님[파르티아]

모든 것의 주[콥트]

【첫째 창조(부르심)】[76]

I. 살아 있는 존재들의 어머니[콥트]

다른 이름들: 삶의 어머니[콥트]

선모善母(Shan-mu)[중국]

태초의 어머니[콥트]

의인들의 어머니[파르티아, 소그디아]

---

[76] 첫째 창조는 눈으로 볼 수 있는 세계의 창조이며 어둠이 빛에 대적하면서 시작된다. 그래서 거대함의 아버지는 살아 있는 존재들의 어머니에게 호소(부르심)하고, 살아 있는 존재들의 어머니는 태초인에게, 태초인은 그의 다섯 아들에게 호소하여 전쟁에 대비한다. 이 전쟁, 곧 창조는 전 인류가 빛의 세계로 구원되기까지 계속된다.

빛의 어머니[파르티아]

주主 아후라 마즈다의 어머니[중페르시아, 파르티아]

여성 형체의 하느님[중페르시아]

평화, 기쁨을 베푸는 하느님[소그디아]

즐거우신 어머니[아랍]

태초의 성령[77][콥트]

대신령大神靈[콥트, 파르티아, 소그디아]

오른편의 성령[아랍]

성령[콥트]

II. 태초인[콥트]

다른 이름들: 주主 아후라 마즈다[중페르시아, 파르티아]

아후라 마즈다 신[고대 터키]

선의先意(Xian-yi)[중국]

III. 태초인의 다섯 아들[콥트]

다른 이름들: 오신五神[시리아]

오분五分신[고대 터키]

오광五光(wuming)[시리아, 파르티아, 중국]

빛의 아들들[시리아]

다섯 원소(五原素)[시리아, 그리스, 라틴, 콥트]

오체五體[아랍, 중국: Wu-ti]

---

[77] 초세기 시리아어는 "루하". 성령-신령을 여성으로 사용하였다.

다섯 지체(五肢體)[그리스, 아랍]

광채들[시리아]

오갑주五甲冑(wu-jia-zhou)[중국]

불사의 성인들Amahraspandan[중페르시아, 소그디아]

영혼-나[콥트]

선한 영혼[중페르시아]

살아 있는 영혼[시리아, 콥트, 파르티아, 소그디아]

빛인 나[중페르시아, 소그디아, 고대 터키]

실재하는 신[중페르시아]

다섯 원소: 각 원천 문헌에 나타난 순서

	시리아	콥트	아랍1	그리스+라틴	중페르시아	아랍2+고대 터키
1.	빛	빛	불	바람	공기	미풍
2.	바람	불	빛	빛	바람	바람
3.	물	물	바람	물	빛	빛
4.	불	바람	물	불	물	물
5.	공기	공기	미풍	[공기]	불	불

【둘째 창조(부르심)】

I. 빛들의 친구[시리아, 중페르시아, 아랍]

다른 이름들: 빛들의 총애를 받은 자[시리아, 파르티아, 소그디아]

빛들 가운데 지상至上자[중페르시아]

II. 대건축사[시리아, 중페르시아, 파르티아]

다른 이름들: 새 땅의 공예工藝가 하느님[시리아, 중페르시아, 파르티아]

밤Bam 신[파르티아 ← 시리아: 반ban]

빛들의 건축사[중페르시아]

III. 살아 있는 영[콥트]

다른 이름들: 정기精氣(Jing-qi)[중국]

데미우르고스Démiourgos[그리스, 소그디아: 위쉬파르카르Wishparkar]

미르Mihr 신[중페르시아]

세상 일곱 영역의 주主[소그디아]

삶의 아버지[콥트]

진리의 판관[콥트]

공정한 판관[파르티아, 소그디아]

IV. 살아 있는 영의 다섯 아들[콥트]

다른 이름들: 대우주의 성인들[중국]

오광명사五光明使(wu-guang-ming shi)[중국]

자지 않는 다섯 수호자[콥트]

1. 광채의 장식[시리아]

다른 이름들: 세상 견지자堅持者[콥트, 중국]

광채 보유자[라틴: splenditenens; 그리스: pheggokatokhos]

나라의 스승[중페르시아: 다히베드dahibed]

2. 화려함의 대왕[시리아]

다른 이름들: 명예의 왕[라틴: rex honoris]

하늘의 주(天主)[소그디아]

십천대왕十天大王(shi-tian dawang)[중국]

경비소장[중페르시아: 파흐르베드/파흐라그베드pahrbed/pahragbed]

3. 아다마스Adamas-빛[시리아, 콥트]

다른 이름들: 아다마스[그리스, 라틴]

(전투하는) 용사[라틴]

광왕승상光王勝相(Guangwang shengxiang)[중국]

촌장村長[중페르시아: 위스베드wisbed]

사 형체四形體의 신[중페르시아]

주主 바흐람Wahram[소그디아]

4. 영광의 왕[시리아, 콥트, 라틴: gloriosus rex]

다른 이름들: 밝음을 재촉하는 분[중국]

삼륜三輪의 신[고대 터키]

미풍(영)을 상승시키는 신[중페르시아]

족장[중페르시아: 잔드베드zandbed]

스펜다르마르드Spendarmard의 땅[소그디아]

5. 운반자[시리아]

다른 이름들: 아틀라스Atlas[그리스, 라틴, 콥트]

호모포루스Omophore[그리스, 콥트, 라틴: mundum ferens humeris; 소그디아]

　　　　　땅속의 내장內腸 관리자[중국]

　　　　　가장家長[중페르시아: 만베드manbed]

【셋째 창조(부르심)】

　　　　　　I. 선구자[시리아]

다른 이름들: 사자使者[그리스, 콥트]

　　　　　셋째 사자[그리스, 콥트, 라틴: tertius legatus; 파르티아, 소그디아]

　　　　　혜명대사惠明大使(Huiming-dashi)[중국]

　　　　　숙달된 일꾼[중국]

　　　　　나리사Narisah 신[중페르시아]

　　　　　나리사프Narisaf 신[파르티아, 소그디아]

　　　　　빛의 땅의 신[중페르시아, 파르티아]

　　　　　주主 제나레스Zenares[중페르시아]

　　　　　미르Mihr 신[파르티아]

　　　　　　II. 광채의 예수[시리아, 중페르시아, 파르티아]

다른 이름들: 구세주[그리스, 콥트, 라틴]

　　　　　지혜 세계의 신[중페르시아]

　　　　　광명사光明使(guang-ming shi)[중국]

　　　　　그리스도[콥트]

　　　　　　III. 빛의 동정녀[콥트]

다른 이름들: 열두 동정녀[시리아]

동정녀들[파르티아]

빛의 열두 동정녀[시리아, 중페르시아]

하느님의 열두 딸[소그디아]

열두 지상권至上權[파르티아]

사드위스Sadwis[파르티아]

여성 형체의 신적 발현[중페르시아]

십이광왕승상十二光王勝相(shier guangwang shengxiang)[중국]

IV. 완전인[그리스, 콥트, 라틴, 중페르시아, 파르티아]

다른 이름들: 바흐만Wahman[중페르시아, 파르티아]

지성-빛[콥트, 파르티아, 소그디아]

큰 지성[콥트, 중페르시아]

대명大明(Dai-ming)[중국]

신인新人[콥트, 라틴, 중국]

영광의 기둥[시리아, 그리스, 콥트, 아랍, 파르티아: 바미스툰; 소그디아]

공정한 스로쉬/스라오사Srosh/Sraosha[중페르시아, 소그디아, 중국]

세상 운반자인 신[중페르시아]

대大 호모포루스Omophore[콥트]

종교의 영광[중페르시아, 파르티아, 소그디아]

완전히 완성된 신[소그디아]

놈쿠티Nomqutï 신[고대 터키]

V. 완전인의 다섯 지체肢體[콥트, 아랍]

다른 이름들: 다섯 유형genres[아랍]

다섯 사고[파르티아]

다섯 세계[시리아, 아랍, 그리스, 라틴]

다섯 에온Éons[그리스]

다섯 거처[시리아]

영혼의 이름들[그리스]

아버지들[시리아]

지성적 광채[그리스]

생의 지능적 다섯 지체肢體[콥트]

시리아	그리스	라틴	중페르시아
1. 지성	Noûs	mens	밤Bam
2. 인식	Ennoia	sensus	마노흐메드Manohmed
3. 사고	Phronêsis	prudentia	우스Us
4. 반성	Enthumêsis	intellectus	안데시슨Andeshisn
5. 의식	Logismos	cogitatio	파르마나그Parmanag

3. 오성의 체계

마니교 신화론 체계의 중심에는 오성五性으로 귀착되는 세 배열의 부르심(창조)이 자리 잡고 있다. 세 배열은 그 창조 과정의 순서에 따라, ① 부패할 수 없는 요소들, ② 인격화된 우주적 직책들, ③ 인격화된 지적 기관들로 제시된다.

① I   II   III ⎯⎯⎯⎯⎯→ 5
② I   II   III   IV ⎯⎯⎯⎯→ 5
③ I   II   III   IV   V ⎯⎯→ 5

창조의 이 세 배열은 빛의 본성을 포착할 수 있는 세 분야, 곧 물리학 · 우주론 · 심리학의 가능성을 나타낸다.

첫 번째 배열의 다섯 광채(시리아어로 지바네ziwane)는 태초인의 군사 장비다. 그것은 빛물체(光體)들을 구성하는 요소이며, 이 빛물체들이 창공을 채운다. 그리고 모든 빛물체는 태양 자체에서 나오게 되어 있다. 태양의 오중五重 구조에 대한 기본 재료는 바르다이잔의 우주론에서 볼 수 있고, 그리스어로 씌어진 모든 철학에서 논의되었다. 마니교 사변은 자체의 신화를 만들어 내기 위해, 결정적으로 이중적 이전移轉을 필요로 했다. 첫째, 지바네(다섯 광채)들은 우주의 최고 정점에 자리 잡은 거실로 이전되어 그곳에서 최상 존재 — 거대함의 아버지 — 의 거처를 형성한다. 둘째, 지바네들은 악마의 정욕과 폭력의 힘으로 태초인의 무기 구실에서 해방된 다음, 아주 낮은 곳이나 우주의 지하 저장실에 잠입하여, 그들과 반대되는 '더럽고 응축된' 실체들과 혼합된다. 앗-샤라스타니의 저서 『알-밀랄』Al-Milal(종교들)은 그 실체들에 관해 다음과 같은 범주 일람표를 제시한다.

	시리아어/콥트어	아랍어1	아랍어2
1.	연기	안개	화재
2.	불	화재	어둠
3.	바람	열풍	열풍
4.	물	독약	안개
5.	어둠	어둠	연기 → 훔마마Hummama

마니교 본문들은 이 혼합을 모두 전쟁으로 표현한다. 이 전쟁은 어둠의 왕이 우주적 위장胃腸 안에 지바네들을 섭취하고 포식함으로써 끝난다. 이 첫 번째 배열에서, 성좌星座들의 본질인 빛의 개념이 우

주론의 기초를 구성한다는 사실은 앗-샤라스타니의 증언에서 명백해진다. "빛의 땅은 우리가 사는 땅의 형체와는 반대로 끊임없이 더욱 미묘해진다. 빛의 땅은 태양체jirm의 형체를 지니고, 그의 광선은 태양의 광선과 같다." 이 같은 빛의 미립자적 배열이 이야기를 전개시켜 나가고 사상 체계의 토대를 세운다. 그것은 이란어 원천 문헌이나 『아르켈라우스 행전』의 투르봉 주교가 셋째 창조 과정의 끝을 이야기할 때 언급한 고정된 추상 개념의 배열이 아니다.

두 번째 배열에서는 살아 있는 영démiourgos의 다섯 아들에게 다섯 가지 직책이 주어진다.

① 광채의 장식에게는 지바네들의 수호자 직책.

② 화려함의 대왕과 ③ 빛의 아다마스에게는 지바네들을 삼킨 귀신들과 싸우는 전사 직책.

④ 영광의 왕에게는 (빛을) 증류하는 바퀴를 돌보는 감시인 직책.

⑤ 아틀라스에게는 천상적 땅을 운반하는 운반자 직책.

이 직책들에 관한 마니교 본문의 서술은 장황하다. 거인들과 신들의 전쟁gigantomachie에 관한 이 전설은 대중적 성공을 거두었고, 마니의 교설에 더 많은 세목들을 붙여 확대함으로써 모든 사람의 상상력을 한껏 자극했다. 여기서 잊어서는 안 될 본질적인 것은 물질 창조주는 영혼의 잔재, 곧 아르콘들이 폭식하고 토한 것들을 다시 정제해서 두 개의 빛물체를 만들었다는 생각이다. 아브달-자바르에 따르면, 그 두 성좌들은 순수한 빛으로 황도대黃道帶(zodiaque)와 행성들의 저편에 자리 잡고 있다.

세 번째 배열은 인격화된 추상 개념들인데 완전인 또는 지성-빛을 형성한다. 이들은 세상에 침투된 빛의 마지막 미립자들을 정화하기 위한 정제 기계를 작동시켜 나온 결과다. 선구자는 태양 속에 자리 잡고, 광채의 예수는 빛의 동정녀의 보좌를 받아 달(月) 속에 자리를 잡는다. 바람, 물, 불의 세 바퀴들은 지바네들을 정제하기 시작한다. 준설기浚渫機는 빛의 미립자들을 두터운 물질Hylê에서 구출해 내고, 정제하여 달 속으로 운반하며, 달은 그들을 태양으로 가져가고, 태양은 그들을 우주의 절정에 있는 빛의 땅으로 가져간다. 이 화물 수송은 세상의 낮은 지역과 높은 지역을 연결하는 축선軸線을 형성하며, 그 축선 주위로 바퀴들의 원형 운동에 휩쓸린 천체들이 휘감겨 돌아간다. 이 원형 운동의 목적은 빛물체들의 본성을 철저히 변화시키는 데 있다. 회전은 그 빛물체를 지성의 지체(그리스어로 noera)들로 만들고, 그들은 그때부터 완전인을 형성한다.

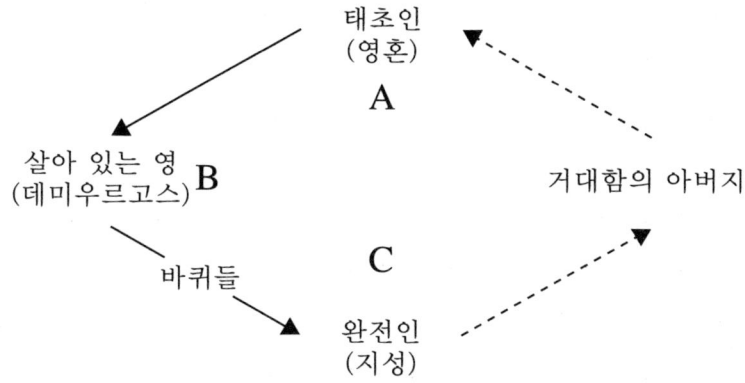

마니는 이 체계를 철학자로서가 아니라 미술가로서 구상했다. 그의 교리 체계는 이론적 숙고에서보다는, 색깔·냄새·맛을 감지하는 행동에서 끌어낸 것이다. 지바네들의 물리학은 감각적 형태의 물리

학이다. 에프렘 성인이 인용한 마니의 말을 빌리면, "음식 속에 있는 유쾌한 맛은 그 속에 포함되어 있는 빛 때문"이다. 앗-샤라스타니의 증언에 따르면 거대함의 아버지가 체류하는 빛의 땅도 역시 감각적인 언어로 표현되었다: "그 땅은 향기롭고 색깔은 무지개 같다". 아우구스티누스 성인의 표현에 따르면, 마니교 신자들이 곡류·포도·멜론·상추·올리브·분홍색·보라색을 무척 좋아하는 이유는 이 과일과 채소의 색깔들이 "하느님의 현존을 표시하기 때문이다". 색깔은 삼복三福 가운데 첫째 복이며, 빛은 아람어로 남성인데, 여성인 눈(目)에서 수정受精한다. 에프렘 성인이 『반마니교서』에 인용한 바르다이잔의 발췌 구절에 따르면, 지바네들은 네 가지 색깔을 가진다. "빛은 희고 불은 붉으며 바람은 푸르고 물은 녹색이다." 다섯째 색깔은 금색인데, 아우구스티누스 성인의 말로는 노란 멜론에 입혀진 색깔로, 다섯째 요소인 공기·미풍微風 또는 에테르에 적용된다고 한다.

끝으로 덧붙일 점은, 마니교의 선택된 자들이 음식물 안에 들어 있는 빛을 증류하기 위해 위장 기능을 작동시키는 생물학적 과정이, 둘째 창조 때 설치한 세 바퀴가 달린 기계로 지바네들을 정제하는 우주적 과정에 해당된다는 것이다. 다시 말해, 마니교 신자가 위장과 맺는 관계는 데미우르고스(살아 있는 영)와 그의 아들들이 세상과 맺는 관계와 같다. 둘 다 빛을 제조하는 것이 목적이다. 결국 소우주microcosmos는 대우주macrocosmos를 반복한다.

아우구스티누스 성인은 이 기계적 순환법칙을 잘 알고 있었다. 그는 『마니교 신자들의 관습』에서, 범심리주의汎心理主義에 이르는 합성合成의 신화를 요약한 다음, 이렇게 덧붙였다. "채소와 과일로 구성된 음식이 성인 — 선택된 자 — 들의 뱃속에 들어가면 그들의 정결과 기도와 찬송시를 통하여, 이 음식 속에 있는 아름답고 신적인 것들이 정제된다. 그리하여 그것들은 어떠한 불결에도 감염되지 않는 자기 고유의 왕국을 되찾을 수 있는 완전한 상태에 놓이게 된다." 씹음(咀嚼)·삼킴·소화는 음식의 어두운 물질들을 배설로 제거하고, 이때 하느님의 한 지체membrum dei로 음식에 들어 있던 빛나는 신적 부분은 순수한 빛으로의 귀환을 완료한다.

『선의 본성』(제45장)은 『마니교 신자들의 관습』의 내용을 다음과 같이 요약한다. "그들의 말에 따르면 혼합되었던 하느님의 몫과 본성은 선택된 자들이 먹고 마실 때 정화purgari되니, 그 이유는 그것 — 신적 부분 — 이 모든 음식에 연결되어 있기 때문이다. 그래서 선택된 자들이나 성인들이 체력을 회복하기 위해 음식을 먹고 마실 때, 혼합되었던 하느님의 몫은 그들의 성성聖性으로 인해 분리되고solvi, 봉인되며signari, 구원된다liberari." 아우구스티누스가 앞에서 인용한 네 개의 라틴어 동사는 기술 용어다. 자기 육체가 간직하는 광도光度, 즉 성성聖性 때문에, 선택된 자는 빛을 더럽혀진 것에서 분리하고, 정제된 부분을 손상 없이 보존할 수 있는 능력으로 빛을 정제한다. 그리고 그는 그 빛을 상계에 반환함으로써 해방시킨다. 그래서 먹는 행위는 두 가지 중요한 작업을 포함한다. 음식이 입에서 위胃까지 내려가 그곳에서 정제 작업(시리아어로 sulala; 라틴어로 purgatio)을 하며, 정제된 미립자는 다시 올라가 반환된다(시리아어로 masaqta; 라틴어로 reditus). 인간 육체의 구조에 따라 반복되는 이중 작업은 지바네들이 하강했다가, 상승하는 우주적 이중 작업에 상응한다. 귀신들이 먼저 지바네들을 삼키고 그들을 세상 속에 뱉으면, 결국 달과 태양으로 나르는 바퀴에 의해서 증류되며, 이들은 그곳에서 빛의 땅으로 넘어가게 된다. 중국 마니교의 아름다운 표현에 따르면, "우주는 약방이고, 그곳에서 빛물체들이 치료된다".

마니 이후의 마니교 연대표[78]

274/276/277 발라바드Balabad 감옥에서 죽기 직전, 마니는 자기를 계승할 카스카르Kaskar(남 바빌로니아) 사람 시스(시신, 시시니오스)를 교회 수장으로 임명(더블린의 『케팔라이아』 211-2)하다. 사산 왕조 바흐람 1세(271~274)의 아들 바흐람 2세(다섯째 군주, 274~291)가 키르디르의 영향을 받아 마니교와 그리스도교를 박해하기 시작하다.

± 280 가장 오래된 반마니교 그리스어 문헌: 파피루스 라일랜즈Rylands 469(= 700 Van Haelst). 한 이집트 주교 — 알렉산드리아의 테오나스Théonas? — 의 사목서간들인데, 마니교 신자들의 전례와 고행생활을 비난하고, 그 종파에 속한 여자들의 선전을 경계한다.

284/286/287 교회 수장직을 맡은 지 10년 뒤, 시스가 파르스의 베샤부르Beshabuhr에서 체포되어 키르디르와 바흐람 2세 앞에 출두하여 순교하다. 자베드Zabed의 형제인 인나이오스가 그를 계승하여 마니교 수장이 되다(『강론집』 81-83).

---

[78] 중국어 고유명사는 중국어 발음을 따르고 한문을 첨가하였다. 이는 외래어 음역(音譯)을 원칙으로 하는 규정 때문이다.

± 290	상이집트에 있는 리코폴리스Lycopolis(아시우트Asyut)의 철학자 알렉산더가 저서 『마니 교리 반박』을 통해 자기 학교에 마니교 신자들이 있음을 알리다.
292	바흐람 2세 서거 4개월 후, 샤부르의 아들 나르세가 "왕들의 왕"으로 즉위하다(292~301). 이로써 마니교와 그리스도인들에 대한 박해가 끝나다.
297	3월 31일, 아프리카의 총독 율리아누스의 보고에 따라, 디오클레티아누스가 알렉산드리아에서 반마니교 칙령을 공포하다. 그는 마니교 신자들을 로마인들의 적인 페르시아 제국의 앞잡이라고 의심했다(Persica adversaria nobis gente).
298	나르세가 로마군 사령관 갈레리우스Galerius에게 패하고, 소아르메니아의 다섯 지구cantons를 로마인들에게 양보한 뒤, 평화조약이 사십여 년 동안 유지되다.
± 301~302	체사레아의 에우세비우스Eusebius가 저술한 『교회사』 I-VIII권에 마니에 대한 기록을 볼 수 있다(VII, 31).
302~309	나르세의 아들 호르미즈드 2세 치하에서 마니교와 그리스도교의 박해가 계속되다.
± 306	시리아 교부 마르 에프렘 성인이 니시비스Nisibis에서 탄생.
336~337	"페르시아의 현인"으로 알려진 아프라하트Afrahat가 시리아어 저서 전편(10 논증/전체 22 논증)에서 처음으로 마니에 대해 언급하다(II, 9).
± 340	헤게모니우스Hegemonius가 썼다는 그리스어 저서 『아르켈라우스 행전』 발간. 마니의 기원에 대한 터무니없는 논고가 그리스도교 반이단론에 중요한 정보의 원천이 되다. 이 문헌은 마니를 테르빈토스/붓다Terbinthos/Boudda의 상속을 받은 부유한 과부의 보잘것없는 노예로 소개한다. 테르빈토스 자신은 그리스 교육을 받은 사라센(아랍) 상인 쉬티아노스Scythianos의 유산을 받은 사람이다. 그 부유한 과부는 죽을 때, 자기의 재

	산을 해방된 노예 쿠브리코스/마니Koubrikos/Mani에게 유증했다고 한다.
± 345	에피파니우스와 테오도레투스는 에메사의 주교 에우세비우스가 마니교 신자들을 반박하는 논고를 썼다고 하는데, 그 논고는 분실되었다.
348	예루살렘의 주교 치릴루스가 예비자 교리 제4장에서 처음으로 『아르켈라우스 행전』을 인용하다.
± 350	나그 함마디(상이집트)라는 영지주의 필사본이 제작되다.
± 352	에피파니우스와 테오도레투스는 라오디케아Laodicée의 게오르기오스Georgios(† 361)가 마니교 신자들을 반대하여 논고를 썼다고 하지만, 그 논고는 분실되었다.
354	아우구스티누스 성인이 누미디아의 타가스테Thagaste(오늘날 알제리의 수크 아흐라스Souk Ahras)에서 탄생하다.
± 358	마니교 신자들을 반박하는 논고를 쓴 트무이스Thmuis(이집트, 텔-티마이)의 세라피온Sérapion이 사망하다. 그의 논고는 보존되어 있다.
363	배교자 율리아누스 로마 황제가 샤푸르 2세와의 전쟁에서 전사하다. 요비아누스Iovianus의 평화협정으로 이란은 니시비스와 나르세가 빼앗긴 소아르메니아를 되찾다.
364	외교인 수사학자修辭學者 리바니우스Libanius가 친구이자 팔레스티나의 집정관인 프리쉬아누스Priscianus에게 보낸 서한에, "어디를 가나 마니교 신자들은 조금씩 있다. 그러나 그들이 많이 있는 곳은 없다. 그들은 아무에게도 악을 행하지 않으며, 아무도 그들에게 악을 행하지 않는다"라는 구절이 있다.
± 365	『아르켈라우스 행전』이 라틴어로 번역되다. 보스트라Bostra(이란)의 티투스 주교가 마니교 신자들을 반대하여 네 권으로 된 논고를 쓰다. 이 논고들은 그리스어보다 시리아어 역본이 더 완전하다.

± 370	르포르Lefort의 콥트어 사히드 방언 필사본 단편(파리 국립도서관, 필사본 번호 131⁴, 154-158장)은 상이집트에 있는 백의白衣 수도원 수사가 쓴 것이다. 이교인과 이단자들을 반대한 논고의 발췌인데, 1932년 폴로츠키는 이 단편 속에 『아르켈라우스 행전』에 나오는 투르봉의 진술을 네 번 인용했음을 지적했다.
372	3월 2일 발렌티니아누스 1세가 로마에 있는 마니교 신자들에게 칙령을 반포하여, 벌금과 추방과 재산 몰수를 명하다.
373	아우구스티누스 성인이 아프리카 마니 교회에 방청인으로 입교하다. 에프렘 성인이 에뎃사(시리아)에서 선종하다(6월 9일?).
± 375	마그네시아의 마카리우스가 『아포크리티쿠스』Apocriticus(배설제)에서 마니교 신자들이 전 동방 지역을 "부패"시켰다고 말하다.
376	에피파니우스가 『약상자』의 예순여섯 번째 이단 "마니교"를 집필하다. 그 속에 『아르켈라우스 행전』의 긴 발췌가 있는데, 거기에는 마니교 신자들이 팔레스티나에 정착한 데 대한 귀중한 정보들이 들어 있다.
± 378	테오도레투스와 포티우스는 타르수스의 디오도로스(† 394 이전)가 마니교를 반대한 대논고를 썼다고 하지만, 이 책은 분실되었다.⁷⁹ 첫 7권에서 그는 마니의 『복음』과 아다스의 『모디온』Modion을 반박했다고 한다.
± 380	예루살렘의 치릴루스가 쓴 교리문답 제4권이 콥트어 사히드 방언으로 번역되다. 그 필사본 단편은 하이델베르그(독일)에서 소장하고 있다(파피루스 번호 684).
381	5월 8일, 로마 황제 테오도시우스 1세 칙령은 마니교 신자들의 시민권과 유언권을 박탈하다. 그 칙령은 382년 3월 31일에

---

⁷⁹ 몹수에스티아의 테오도로스가 네스토리오스-그리스도론의 이성(二性)론자라는 판결을 받았을 때, 그의 선생이었던 디오도로스도 같은 판결을 받아, 디오도로스의 작품들은 대부분 분실되었을 것이다.

	재발효되어 금욕주의자들,[80] 자루를 입고 다니는 사람들,[81] 물(水) 조합인組合人들[82]이라는 가명을 쓴 모든 마니교 신자들에게 적용되다.
383	아우구스티누스 성인은 스물아홉 살에 카르타고에서 아프리카를 대표하는 마니교 주교 밀레브Milev의 파우스투스Faustus를 만나고부터 마니교를 멀리하기 시작하다. 그러나 결정적인 단절은 아니었다.
385	프리쉴리아누스Priscillianus와 그의 동료들이 마니교 신자라는 혐의로 트리어Trier(독일)에서 처형되다. 브레쉬아Brescia의 필라스터Filastre가 라틴어로 번역된 『아르켈라우스 행전』을 사용하여 『이단들의 목록』을 쓰다.
386	밀레브의 파우스투스가 다른 마니교 신자들과 함께 형을 받아 귀양을 떠나다. 그들은 387년 정월, 로마 황제 테오도시우스의 "신년 하례식"vota publica을 기해 사면되었다.
387	4월 24~25일 밤, 아우구스티누스 성인이 밀라노에서 세례를 받다.
388~389	아우구스티누스 성인이 『가톨릭 교회의 관습과 마니교의 관습』De moribus에서 처음으로 마니교를 비판하다.
389	6월 17일, 로마 황제 발렌티니아누스Valentinianus 2세(실제로는 테오도시우스 1세)가 칙령을 내려 로마에 거주하는 마니교 신자들에게 유배형을 선고하다.
± 390	콥트어 필사본이 상이집트에서 씌어지다. 이 필사본은 메디나

---

[80] 라틴어로 Encratitae, 그리스어로 ἐγκρατής이며, 금욕주의자들을 가리킨다. 보통 육식, 술과 결혼을 금지하는 영지주의자들로 알려져 있지만, 마니교 수도자들도 똑같은 실천을 한다.

[81] 라틴어로 Saccophori — 자루를 입고 다니는 사람들은 마니교 신자로 알려져 있다.

[82] 그리스어로 ὑδροπαραστάται, 라틴어로 Hydroparastae: 성찬에 술 대신 물을 사용하는 마니교 신자들을 일컫는다.

	트 마디Medinat Madi(이집트의 파윰)에서 발견되었다.
392	아우구스티누스 성인과 마니교 장로 포르투나투스가 히포에서 공개 토론을 벌이다. 이날 아프리카 밀레브의 마니교 주교 파우스투스가 사망하다.
394	아우구스티누스 성인이 『반아디만투스』Contra Adimantum를 집필하다.
396~397	아우구스티누스 성인이 『(마니의)「기초서간」논박』Contra epistulam fundamenti을 쓰다.
398~400	아우구스티누스 성인은 밀레브의 파우스투스가 쓴 『33장』 33 Capitula을 읽고, 『반파우스투스』Contra Faustum를 33권으로 나누어 쓰다.
404	가자Gaza의 주교 포르피리우스가 선택된 마니교 여신자 안티오키아의 율리아를 재판에 회부하다. 12월에 아우구스티누스 성인은 히포에서 선택된 아프리카의 마니교 신자 펠릭스와 공개 토론을 벌이다.
405	2월 12일, 로마 황제 호노리우스Honorius가 전임자들이 제정한 법을 다시 살려 명령에 복종하지 않는 집정관이나 관리들에게 상당한 벌금을 부과하다.
± 420	크레스코니우스Cresconius라는 한 마니교 신자가 체사레아-마우리타니아에 사는 11명의 동료 신자들을 파문破門에 처하다.
425	10월 23일, 발렌티니아누스 3세가 마니교 신자들을 로마에서 100번째 이정표[83] 밖으로 추방하다.
428	테오도시우스 3세, 마니교 신자들의 도시 체류 금지.
430	8월 28일, 아우구스티누스 성인이 히포에서 서거하다.

---

[83] 불어로 bornes이 라틴어 leuga(2,200m)를 의미한다면 100 bornes은 220km쯤 될 것이다(참조: K.E. Georges, *Ausführliches lateinisch-deutsches Handwörterbuch*, Darmstadt Buchgesellschaft 1998).

443	교황 레오 1세가 로마의 마니교 신자들과 그들의 주교를 줄기차게 반대하다.
445	6월 19일, 로마 황제 발렌티니아누스 3세가 선임자들이 마니교 신자들을 반대하여 취한 모든 조처를 갱신하다.
± 453	그리스 교부 테오도레투스(안티오키아 인근 치루스의 주교)가 이단 목록을 작성하다. 『마니교의 신화』라는 글이 오늘날까지 보존되어 있다.
± 490	콘스탄티노플의 대주교 포티우스(858~867; 877~886)는 칼케돈의 헤라클리아누스가 20권의 반마니교 논고를 썼다고 전한다. 그는 마니의 저서 『복음』, 『거인』, 『보고』를 논박했다.
492	로마에 마니교 신자들이 많다는 것을 안 교황 젤라시우스 1세가 그들의 책을 불사르고 그들을 유배형에 처하다.
± 510	『교부들의 교리』Doctrina patrum[84]에 따르면, 할리카르나소스 Halicarnassos(그리스 항구)의 율리아누스가 반마니교 논고를 저술하다.
518	3월 25일, 안티오키아 단성파monophysite의 대주교 세베루스는 마니교를 반대하는 강론을 했는데(123번째 강론), 에뎃사의 야곱(8세기 초)이 그 원문을 시리아어로 보존했다. 여기서 세베루스는 마니의 저서 『전설』에서 발췌한 긴 본문을 인용한다.
± 520	교황 호르미스다스가 많은 마니교 신자들을 고문하고 유배형에 처했으며 그들의 책을 불사르다.
527	로마 황제 유스티누스와 유스티니아누스가 반마니교 법률을 갱신하다. 마니교 신자들뿐 아니라 개종한 사람들도 옛 신도들을 고발하지 않고 그들과 접촉한다는 혐의가 보이면 사형에 처해졌다. 관리들도 마니교 서적을 보관하거나 마니교 친구들을 고발하지 않으면 엄한 벌을 받았다. 페르시아의 이성론자

---

[84] Doctrina patrum은 수도원 경리이며 그리스 반이단론 교부 아타나시우스가 660~685년 사이에 쓴 것으로 추정된다.

	Nestorien 바울로는 공적 토론을 통해, 막 투옥된 마니교 신자 포티누스를 회두시킬 책임을 맡았다. 처음으로 마니교 신자들에게 배교 선언을 시킨 그리스어 서식이 발견되었다.
531	9월 13일, 이란 황제 호스로Xosrau 1세 아누쉬르반Anushirwan이 크테시폰에서 왕좌에 오르다. 579년에 사망하다.
540	로마 황제 유스티니아누스가 반대파들 — 콘스탄티노플과 소아시아의 이교인들 — 에게 공권력을 행사하다. 단성론자인 아시아의 요한이 이 작전을 지휘하고 잡힌 사람들을 심문하다. 하란(메소포타미아 서북쪽)에서 그리스 철학자 심플리치우스Simplicius가 『에픽테투스 교본에 대한 주해』를 저술하여 마니교 사상 — 우주론과 도덕론 — 을 방법론적으로 비판하다. 그곳에서 그는 "현인이라 할 만한 사람들 가운데 하나"라는 한 마니교 수도자를 만나다(XXXV, 91).
± 570	옥수스 강(지금의 아무다르자Amudarja) 서쪽 마니교 공동체에서 샤드-아후라마즈다가 영도하는 분열 운동이 일어나다. 데나와르스Denawars라는 이름은 그들의 엄격한 종교 관념den에서 왔다. 그들은 중앙 아시아와 중국의 선교사들로서, 바빌로니아 모교회와 관계를 끊었다. 메카에서 무함마드가 탄생하다.
± 595	교황 그레고리오 1세는 시칠리아와 북아프리카에 아직 마니교 신자들이 있다고 믿었다.
600~601	샤드-아후라마즈다가 사망하다. 마니 교회는 소그디아어(사마르칸트 지방의 언어)를 점차 파르티아어로 대치하다.
± 612	무함마드가 "하느님의 사자"라는 천사의 부르심을 듣다. 621년까지 환시, 계시, 천상 여행이 계속되다.
1H[85]/622	무함마드와 그의 신도들이 야트리브/메디나Yathrib/Medina로 이주(히즈라hijra)하다.

---

[85] H는 이 해를 이슬람 기원 1년으로 계산한 역서를 말한다.

11H/632	6월 8일, 메카로 마지막 순례를 하고 메디나로 돌아온 무함마드가 서거하다.
16H/637	아랍군이 크테시폰/알-마다인을 점령하고, 이란 사산 왕조의 마지막 황제 야즈디기르드Yazdigird 3세가 잘룰라Zalula 전투에서 패하다.
29H/649	아랍군이 호라산(이란 동쪽)에 침입하다.
54H/674	아랍군이 부카라Bukhara(사마르칸트 서쪽으로 220km) 시를 점령하다.
55H/675	소그디아어를 사용하던 마니교 신자들은 사마르칸트를 떠나서, 중국 쪽 투르키스탄을 지나 황하黃河에 이르다.
56H/676	아랍군이 사마르칸트를 장악하다.
75H/694	이란의 마지막 사산 왕조 때에 메소포타미아를 떠난 많은 마니교 신자들은 이라크로 가서, 집정관 알-하자즈 이븐 유수프 al-Hajjaj b. Yusuf의 융숭한 대접을 받았으나, 비이슬람 신자들에게 부여한 법적 보호dhimma는 받지 못했다. 같은 해 마니교의 한 고위 인사가 중국 조정을 예방하다.
91~93H/710~12	아랍군이 소그디아를 정복하다. 크테시폰/알-마다인에서 미르Mihr가 바빌로니아의 마니교 수장이 되어 740년까지 영도하다.
106H/724	이라크의 집정관 칼리드 이븐 아브달랄-카스리Khalid b. 'Abd Allah al-Qasri의 어머니는 그리스도인이었다. 조로아스터교, 그리스도교, 마니교 신자들은 그의 관용정책의 혜택을 받았다. 그는 120H/738년에 면직 처분을 받고 126H/743~744년에 고문으로 사망했다. 이븐 안-나딤의 저서『피흐리스트』는 그를 진딕zindiq[86]이었다고 한다.

---

[86] 전문가들은 문헌상의 진딕(zindiq)이나 잔딕(zandiq)이란 어휘를 마니교 신자로 본다.

± 110H/728	무타질 사상의 창시자 와실 이븐 아타Wasil b. 'Ata'가 『천 가지 질문』에서 마니교 신자들을 철저히 반박하다. 이 작품은 유실되었다. 그는 마니교에 대해 쓴 첫 이슬람 신자 작가다.
± 112H/730	크테시폰/알-마다인의 마니교 도사導師(imam)[87] 미르가 데나와르스 종파를 없애려고 시도하다.
731	7월 16일 당唐 현종玄宗이 한 마니교 주교에게 마니교의 교리와 규칙을 중국어로 쓰도록 명하다. 이『법의략』이 둔황에서 발견되다.
± 117H/735	이라크 마니교 공동체에서 단식 예절을 둘러싸고 논쟁이 벌어지다. 아부 사이드 라자Abu Sa'id Raja가 마니교의 도사가 되자 미클라스Miqlas가 배교하다.
132H/750	중국 쪽 투르키스탄의 카스가르는[88] 마니교의 중요한 봉토였지만 카를루크Qarluq족 반란 이후 점차 터키화되다.
142H/759	이란인으로 많은 아랍어 저서를 남긴 이븐 알-무카파Ibn al-Muqaffa'가 마니교인이라는 혐의를 받고 감옥에서 옥사하다.
± 143H/760	아프리카에서 온 아부 힐랄 앗-다이후리Abu Hilal al-Dayhuri가 알-마다인/크테시폰에서 마니교 최상의 도사가 되자, 미클라스의 배교가 풀리다.
762	11월 20일, 위구르[89]인들이 황하 유역의 뤄양을[90] 점령하고 노

---

[87] 이맘(Imam) 도사는 무함마드의 후계자에게 주어진 존칭으로 알고 있지만, 이슬람교가 마니교에서 받은 전통·교리·전례도 허다하다.

[88] 카스가르(Kashghar) 시는 동경 76, 북위 39.5 타림 분지 서단(西端)의 도시다. 751년 7월 탈라스(Talas)에서 터키족 및 아랍군과 연합한 카를루크(Qarluq)족이 신라 장수 휘하의 당군을 물리쳤다고 역사는 기록한다.

[89] 위구르(Ouighour, Ouigour, Uigur): 터키족에서 유래하며, 8세기 중엽에서 9세기까지 바이칼 호수 남쪽으로 전 중국 북쪽을 차지하고 있었으나, 13세기 몽고의 침략으로 서쪽 투르키스탄 지역으로 자리를 잡은 다음, 샤머니즘을 버리고 마니교·불교·경교와 관계를 맺고 소그디아 문자를 채택하였다.

[90] 뤄양(洛陽)은 장안(長安)과 함께 당나라 동서(東西)의 두 수도였다.

	략질하다. 그때 그들의 우두머리[91] 메우유Meou-yu가 그 도시에 거주하는 마니교 선교사들을 만나면서 마니교로 개종하다.
763	메우유가 뤄양에서 승리한 뒤 오르콘 강변에 있는 수도 오르두 발리크Ordu Baliq[92]로 돌아가다. 그는 뤄양에서 주에이시Jouei-si라는 사람과 함께 네 명의 마니교 수도자를 데리고 갔다. 마니교는 터키 제국의 국교가 되고, 한 마니교 교사가 오르두 발리크에 정착하다.
768	메우유의 청으로 중국 황제(당 왕조 代宗于 762~779)가 그 지역 마니교 신자들에게 성전과 수도원 건축을 허가하다. 이 허가는 771년에 갱신되다.
163~70H/779~86	제3·4대 칼리프 치하에서 이라크의 마니교인들이 억압을 받았고, 지성인들이 마니교인zandaqa이라는 혐의를 받다.
781	시안푸西安府에[93] 네스토리우스교(京敎)의 비碑가 세워지다.
791~792	테오도르 바르-코니는 와시트 지방(바그다드 남쪽)에서 태어난 네스토리우스인으로, 『교리 문답집』Livre des scholies 11권을 썼다. 이단 목록인 제11권 마니교 교리에 관한 기록은 마니의 『전설』을 요약해 놓은 것이다.
806	마니교 사제들이 오르두 발리크에서 온 위구르 대사를 동반하여 중국 조정을 예방하다.
± 815	카라-발라사군에서[94] 발견된 3개 국어 — 중국어·터키어·소그디아어 — 로 쓴 비문은 위구르인들에게 마니교가 도입된

---

[91] 4세기부터 나타나는 위구르 지도자의 칭호로, 서방 역사가들은 여러 가지로 발음한다: qaghan(불), qaqan(불), khaghan(영), chaqane(독).

[92] 지도 참조.

[93] 당의 서쪽 수도, 장안(長安)을 명조 이후에는 시안푸(西安府)라고 불렀다.

[94] 8세기부터 위구르의 수도를 오르다-발릭-카라-발라사군(Orda-Baligh Qara-Balasaghun)이라 했고, 칭기즈칸의 셋째 아들 외게데이가 1220년 이 도시에 거처를 정하고 도시명을 카라코룸(Qaraqorum)이라고 불렀다.

	역사를 이야기한다.
± 817	위구르의 둘째 대사가 마니교 사절들을 동반하여 중국 조정을 예방하다.
± 205H/820	일곱째 칼리프Califes-abbasides 알-마아문al-Ma'mun이 마니교인들을 반대하는 논고를 썼으나, 이 저서는 분실되었다.
840	키르기스Kirghiz족[95]이 기병 십만으로 오르두 발리크를 점령함으로써 오르콘 강변의 위구르 제국은 막을 내리고, 터키족들은 사방으로 흩어지다.
843	당 무종武宗(840~846 재위)이 마니교 수도원을 폐쇄하고 건물들을 압수수색하여 서적을 없애라고 명령하다.
± 231H/845	마니교에 대한 반론을 전개한 무타질 교파Mut'azilite[96] 안-나잠 al-Nazzam이 사망하고, 그의 글은 알-카야트al-Khayyat(300H/912년 이후 곧 사망)의 저서 『끼따발 인티사르』Kitab al-intisar에 발췌·수록되어 있다.
849	투르판 오아시스에 있는 코쵸에 위구르 왕국이 수립되고 마니교를 믿는 왕자들이 그곳에서 2세기 동안 지탱한다.
236H/850~851	아부 이살-와라크Abu 'Isa l-Warraq가 『철학적 의견집』Doxographies을 썼으나 마니교인zandaqa이라고 고발당하여 저서가 소실되다. 이슬람 반이단론자들이 그의 업적에서 막대한 영감을 받다.
± 256H/870	이원론과 마니교를 반대하여 많은 반박론을 쓴 철학자 알-킨디al-Kindi가 사망하다. 그의 저서는 소실되었으나 이븐 안-나딤이 방대하게 사용하다.
293H/906	무타질 교파 안-나시al-Nashi가 사망하다. 그의 『철학적 의견

---

[95] 키르기스(Kirghiz)족은 예니세이 강 주변의 시베리아족에 속한다. 몽고인들은 이들을 야만인으로 여겼다.

[96] 8~9세기에 지배적이던 이슬람의 비전통파.

	집』*Doxographie: al-Kitab al-ausat fi l-maqalat*에서 마니교 우주론에 대한 그의 정확한 지식을 엿볼 수 있다.
± 320H/932	이븐 안-나딤은 당시 사마르칸트에 대략 500명의 마니교인들이 살았다고 전한다.
± 339H/950	이븐 안-나딤에 따르면 이라크의 첫째 부이드Buyide의 통치하에 대략 300명의 마니교인이 바그다드에 있었다고 한다.
345H/956	알-마수디[97]가 사망하다.
349H/960	카스가르Kashghar(중국 투르키스탄)의 터키 주민들이 이슬람으로 귀화하다.
372H/982	무명의 페르시아인, 『끼따브 후두달-알람』*Kitab hudud al-'alam*의 저자가 사마르칸트에 마니교 수도원khangah이 있다고 지적하다.
377H/987	이븐 안-나딤이 『피흐리스트』의 저작을 완성하다. 제9장까지는 주로 마니교에 집중했다. 마니교의 역사와 교리에 대해서는 모든 반박론 가운데 가장 완성도 높은 저서다. 그는 당시 바그다드에 다섯 명의 마니교인이 있다고 전한다.
380H/990	무타질 신학자 레 카디 더 라이Le qadi de Rayy와 아브달-자바르'Abd al-Jabbar가 저서 『알-무그니』*al-Mughni*를 완성하다.
± 390H/1000	알-비루니가 『알-아타랄-바키야』*al-Athar al-Baqiya*를 쓰다.
1028	티베트 동북쪽에 있던 탕구Tangu족이 간수[98]의 위구르 공국公國(principauté)을 점령하다.
± 424H/1033	알-비루니가 『타흐키크 마릴 힌드』*Tahqiq ma li-l-Hind*(인도 여행기)를 저술하다.

---

[97] 이슬람 문필가로 유명하며, 마니와 마니교 전통에 대해서 많은 증언을 한다.

[98] 甘肅(kansu)는 옛날부터 톈산(天山) 남북로로 통하는 서양과의 교통로로서 이곳을 경유하여 일찍이 서역 문화가 전해 들어왔음. 『漢韓大辭典』 양주동 외 편 (명문당 1971) 1035.

± 1035	둔황 필사본 동굴을 벽으로 막아버리다. 1900년, 도교 승려가 벽을 파헤치다. 1906년, 영국인 아우렐 스타인Aurel Stein이 현장을 방문하고, 1908년 3월 3일, 프랑스인 폴 펠리오Paul Pelliot가 필사본 목록을 만들기 시작하다. 1910년 중국 정부가 나머지 필사본을 북경으로 옮기다.
427H/1036	알-비루니가 『알-라지』al-Razi의 문헌 목록에 대하여 서간을 쓰다. 그 속에서 그가 어떻게 마니의 일곱 경전을 접수했는지 설명한다.
485H/1092	아불-마알리예 알라비가 『바야얀 알라디얀』Bayan al-adyan(종교들에 관한 논고)을 저술하다.
518H/1124	터키족의 카라-키타이Qara-khitay 왕국의 귀르칸Gürkhan(세상의 왕)이 처음으로 중국 투르키스탄을 지배하기 시작하다. 이븐 알-아티르Ibn al-Athir는 그를 마니교인이라고 한다(이교인이나 우상숭배자와 같은 뜻으로 알아들어야 한다).
548H/1115	앗-샤라스타니가 사망하다.
1206	칭기즈칸의 둘째 아들 자가타이Gaghatai(† 1242)와 몽고의 모든 왕자가 오논Onon 상부(바이칼 호수 서쪽)에 주둔하다. 테무진 Temüjin(1167년생)이 칭기즈칸 칭호를 받다.
608H/1211	타림Tarim 분지에 있던 터키-위구르족의 카라-키타이 왕국이 붕괴하자 주위의 이슬람 세력Khwarazmshahs이 그 지역을 장악하다.
618H/1221	크와라즘Khwarazm의 수도 발라사군Balasaghun이 칭기즈칸의 차남 자가타이와 삼남 외게데이Ögedey의 군대에게 포위되다.
1265	마니교 고관 장시성張希聲이 마니교 경전들의 합당성과 그 종교의 존엄성을 알리기 위해 유학자儒學者이자 조정 문서 담당관인 황천黃震에게 두 편의 서한을 보내다.
1292	마르코 폴로Marco Polo와 그의 삼촌 마페오Mafeo가 항구 자이툰Zaitun 천泉에서 마니교인들의 공동체를 만나다.

크테시폰을 본거지로 한 3~6세기 마니교 전교 활동

소그디아 지역을 본거지로 한 7~13세기 마니교 전교 활동

참고 문헌

각종 연구와 옛것을 재검토한 자료들을 포함하여
지난 20년 동안 마니교에 대한 연구 자료는 엄청나게 늘어났다.
(서양 문헌의 단행본, 총서명 그리고 잡지명은 이탤릭체로 쓰고,
논문은 " "속에 넣었다 — 역자).

TARDIEU, M., *Études manichéennes. Bibliographie critique* 1977~1986, Institut français de Recherche en Iran, Téhéran - Paris - Louvain 1988, 160 (1977~1986년까지 출간된 연구를 분석·약술하고 그 당시까지 참고할 수 있는 모든 원천 문헌 목록을 첨부하여 발행했다). 1987~1996년까지의 연구 목록은 준비 중이며, *Abstracta Iranica* XI권부터 발표한 부분적 목록을 참고하기 바란다. 그리고 Farideh Râzi, *A Bibliography of Mani*, Téhéran, Markaz-e Nashr-e Dâneshgâhi 692, 1993, 146도 보충할 것.

최근 자료: MIKKELSEN, Gunner B., *Bibliographia Manichaica, A Comprehensive Bibliography of Manichaeism through 1996*, Turnhout 1997. 1996년까지 출간된 3605편의 연구 목록을 서구와 서아시아, 중국어와 일본어로 구분하여 편성한 귀중한 저술이지만, 연구 내용에 대한 분석적 고찰이 없다 — 역자.

【아람어 분야의 연구】

CONTINI, Riccardo, "Hypothèses sur l'araméen manichéen", *Annali di Ca' Foscari* 34 (1995) 65-107.

【그리스-라틴어 원천 문헌과 『쾰른 대학 마니교 필사본』에 대한 연구】

DUBOIS, J.-D., "Le manichéisme vu par l'*Histoire ecclésiastique* d'Eusèbe de Césarée", *Êtudes théologiques et religieuses* 68 (1993) 333-9.

HADOT, I., *Simplicius. Commentaire sur le Manuel d'Épictète. Commentaire et édition critique du texte grec*, Leiden: Brill 1966 (*Philosophia Antiqua* 66).

KOENEN, L. - RÖMER, C., *Der Kölner Mani-Kodex*, Opladen: Westdeutscher Verlag 1988. 원문 및 번역과 각주.

PENNACCHIETTI, F.A., "Gli Acta Archelai e il viaggio di Mani nel Bêt 'Arbâyê", *Rivista di storia e letteratura religiosa* 24 (1988) 503-14.

REEVES, J.C., "The Elchasaite Sanhedrin of the Cologne Mani Codex in Light of Second Temple Jewish Sectarian Sources", *Journal of Jewish Studies* 42 (1991) 68-91. 엘카사이 사상과 (팔레스티나와 쿰란의) 유다 비전통 사상의 배후.

RÖMER, C., *Manis frühe Missionsreisen nach der Kölner Manibiographie*, Opladen: Westdeutscher Verlag 1994. 『쾰른 대학 마니교 필사본』 121-192의 각주.

SCOPELLO, M., "Vérité et contre-vérités. La vie de Mani selon les *Acta Archelai*", *Apocrypha* 6 (1995) 203-34.

TARDIEU, M., "La vision de la mer aux eaux noires", *Res Orientales* 7 (1995) 303-11. 몽상에 관한 자료.

―, "L'Arabie du Nord-Est d´après les documents manichcéens"; *Studia Iranica* 23 (1994) 59-75. 지리 역사에 관한 문제.

―, "Chronologie et géographie dans le Codex manichcéens de Cologne", *Annuaire du Collège de France* 94 (1993~1994) 587-90; 95 (1994~1995) 534-9.

VILLEY, A., *Alexandre de Lycopolis. Contre la doctrine de Mani*, Paris: Cerf 1985.

【콥트어 분야의 연구】

더블린 소장 『케팔라이아』 필사본은 메소포타미아 지역 마니교 역사 연구의 기초 자료지만, 몇몇 부분적 연구 외에는 아직 영인본으로만 볼 수 있다(S. GIVERSEN, S., *Cahiers d'orientalisme* 14, Genève 1986).

Funk, W.P., "Zur Faksimileausgabe der koptischen Manichaica", *Orientalia* 59 (1990) 524-41.

—, "The Reconstruction of the Manichaean Kephalaia", *SBL Annual Meeting*, Chicago 1994, 1-11.

Tardieu, M., "La diffusion du bouddhisme dans l'Empire Kouchan, l'Iran et la Chine", *Studia Iranica* 17 (1988) 153-82.

—, "La nisba de Sisinnios", *Altorientalische Forschungen* 18 (1991) 3-8.

Villey, A., *Psaumes des errants*, Paris: Cerf 1994. 번역과 주해.

【이란어 분야의 연구(베를린 소장 투르판 마니교 필사본의 원문 · 번역 · 주해)】

Colditz, I., *Altorientalische Forschungen* 19 (1992) 322-36. 찬송시 필사본 단편.

Gignoux, Ph., "Sur le composé humain du manichéisme à l'ismaélisme", *Études irano-aryennes offertes à Gilbert Lazard*, Paris 1989, 137-49 (*Studia Iranica Cahier* 7).

—, "Contacts culturels entre manichéisme et mazdéisme", *Studia Orientalia* 70, Helsinki 1993, 65-73.

Gnoli, Gh., *De Zoroastre à Mani*, Paris 1985(비교 연구 — *Travaux de l'Institut d'Études iraniennes* 11).

Reck, Ch., *Altorientalische Forschungen*, 19 (1992) 342-9.

Scott, D.A., "Manichaean Responses to Zoroastrianism"; *Religious Studies* 25 (1989) 435-57.

Skjaervø, P.O., "Iranian Elements in Manicheism", *Res Orientales* 7 (1995) 263-84.

Sundermann, W., *Berliner Turfantexte* IV/1993(우주 신통계보학과 비유); XI/1981(교회사); XV/1985(소그디아어 비유 수록); XVII/1992 (빛에 대한 강론).

【아랍어와 페르시아어 원천 문헌】

Afshâr-e-Shîrâzî, A., *Motûn-e 'arabî va fârsî dar bâre-ye Mânî va mânaviyyat*, Téhéran 1956, S. Taqî-Zâde의 중요한 서문.

MONNOT, G., *Penseurs musulmans et religions iraniennes*, Paris: Vrin 1974.

―, *Islam et religions*, Paris: Maisonneuve et Larose 1986.

【중국어 자료】

SCHMIDT-GLINTZER, H., *Chinesische Manichaica*, Wiesbaden: Harrassowitz 1987. 중국어 자료와 독일어 번역들을 재편집.

LIEU, S.N.C., *Manichaeism in the Later Roman Empire and Medieval China*, Tübingen: Mohr 1992. 보충 자료.

TAJADOD, N., *Mani le Bouddha de lumière*, Paris: Cerf 1990. 摩尼光佛敎法儀略卷.

【고대 터키어 원천 문헌】

HAMILTON, J., "Calendriers manichéens ouïghours de 988, 989 et 1003", *Mélanges offerts à Louis Bazin*, Paris: L'Harmattan 1992, 7-23.

MORIYASU, T., *A Study of the History of Uighur Manichaeism*(일본어), Osaka: Memoirs of the Faculty of Letters 1991. 9세기에서 11세기까지 투르판 오아시스에 거주한 위구르 마니교인들의 문화와 역사.

【역자 보충】

김남윤「베제클릭Beseklik 38굴 벽화 연구 — 마니교 벽화를 중심으로」이화여자대학교 미술사학과 석사학위 논문 2004.

정재훈「위구르 遊牧帝國史」서울대학교 동양사학과 박사학위 논문 1998.

―「위구르 마니교 수용과 그 성격」『역사학보』168 (2000).

용어 색인

가즈나비드 왕조 85
가현설 124
경언/기적사 37
고대 페르시아어 70
공관복음 39 72 74
공중부양 53
광불 8 26
광채의 예수 15-6 36 134-5 144 149
그리스도 7 16 20 45 50-1 72 74 77 124 128 144 156
그리스도교 공동체 52-3 69 78 82
그리스 철학 80
금언 10 35 82
기도 방향 33 120

네스토리우스파 6 128 156
노베의 종교 29
니산달 27 38-9

데나와르스 160 162
땅 전체 11 46

만데아교 99
메낙케드 31
모바드 60-1
무그타실라 29-33 36
무그타실라교 29 31
묵시론 72
묵시서 47 88 127
물세례 45
미스테리아 94
미트라교(배화교) 25

반(反)그리스도 41
밥티스타이 30
　☞ 세례자
백의 31 106 156
복음 7 11 44-5 51 58 67 75 85 103 116 123 125
불교 6-8 28 48 53 69-70 85 98 101-2 108 162
불세례 45

사도직의 신학 44
사베아인 30-1
샴운 31
선교론 58
선정 12 54 58-9 75
세계종교 12 50
세례 공동체 36 43
세례 운동 32
세례자 30 36 45
　☞ 밥티스타이
세례주의 49 67 74 108
세례주의자 51-2 56
세정 35 40 42 120
시리아어 6-7 12 36 57 70-1 73 75 77 82 87-8 92 94 105 108 110 123 128 140 147 151 154-5 159
신인동형론 119
쌍둥이 8 10-1 37-8 68 74

아람어 6 27 45 67 70 73 82 87-9 150 169
아람인 28 56 68 77 90 92
아르사키드 왕가 28
아브가르 왕조 78
아브라하야인 40
아후라 마즈다교 25

173

알-무그타실라 30
엘카사이 6 10-1 32-6 38-40 42-3 47-9 67 69 89 96 170
예언론 11 45-7 50 58 62 72 74-5 79 81 85 108 118
예언의 봉인 127
예언자들의 봉인 11 43 45 48 51 72 74 103 125
유다교 10-1 19-20 34 69 81
유다-그리스도교 5-6 11 19-20 32 35 45-6 50-1 88 136
유다인 11 32-3 41 45 51 53 69 74 78-9 82 89-90 127
율법 11 34 38-9 41 49 52 74 127
율법주의 10-1 35 49
율법 준수 35 39 106
의인 33 79 105 110-1 134 139
이란어 70 78 100-1 148 171
이원론 11 13 31 47 62 102 136 164
인식 13-4 16-7 44 72 129 130 146

파르티아어 50 53-4 56 70 75 85-7 89 100-2 111 125 160
펠비어 6 58 70-1 89 100-1 111-2
플라톤 철학 80

하마단 가문 27
하스카니야 가문 27
헤르바드 60-1
헤지라 26 28 36 47 50-1 84 86
호교론 39 77 82 97 101
환시 29 38 44 49 160
희망 12 45 51 54 58 62 72-3 75 97 103 123 128

점성학 39
조로아스터교 25 29 48 59 70 161
종말론 44 72 81 84 88 135
지혜 15 17 44 47 53 56 72 118-9 127 133 144

창세기 47 69 127

카인족 11 45
캄사라간 가문 28

타우마 37
타움 10-1 19 37-8 43

파라클레토스 8 10-2 37-8 45 51 74 113

인명 색인

가즈니 85
갈레리우스 154
게오르기오스 155
고티오 107
귀르칸 166
그레고리오 1세 160

나르세 154-5
네스토리오스 156
노아 11 46 50 67
누흐 64
누흐자다그 64
니코테오스 68

다리우스 25 78
디오도로스 156
디오클레티아누스 154

락탄시우스 78
레오 1세 159
레 카디 더 라이 165

마르 암모 87 100
마르치온 48 77
마르코 폴로 166
마르타와 마리아 42
마리암 28
마이스/카루싸/우타킴/타크쉬트/누쉬트 28
무함마드 26 47 50 160-2

바라이에스 39-40 49 96

바르다이잔 68 77-8 80 82 92 147 150
바울로(사도) 10-2 35 48-51 67-8 72 74 90
바울로(페르시아의 이성론자) 160
바트 63 65
바흐람 1세 10 60 62-5 97 153
바흐람 2세 153-4
발렌티누스 108 156
발렌티니아누스 2세 157
발렌티니아누스 3세 158-9
방 101
벤베니스트 107
보이스 100
붓다 8 11-2 26 47 50 53 57-8 60 66 93 102 154

사포레스 54-5
살마이오스 36 96
샤드-아후라마즈다 160
샤부르 1세 25 38 47-8 55 59-62 65 71 154
샤부르 2세 155
세라피온 155
세베루스 9 159
섹스투스 엠피리쿠스 83
셀레우코스 25 54
셈 11 46 49-50
셋 11 45 49-50 67 81 88
소비아이 33
소조메누스 115
시스 56 92 153
시타이오스 41
심플리치우스 160

아다 56-7
아다스 156
아담 11 15-6 35 45-6 49-50 67 72-3 79-81

175

83 119 134-5
아르다시르 1세 25 37-8 59 61
아르사케스 1세 25
아르타반 5세 25-6
아르탁소오스 37 54
아리스토텔레스 83
아부 사이드 라자 162
아부 이살-와라크 164
아부 힐랄 앗-다이후리 162
아불-마알리예 알라비 84 86 166
아브달-자바르 50 72 148 165
아브라함 47 50
아브예수 96
아브즈키아 64
아스무센 101
아우구스티누스 6 8-9 67 76 93 104 106-7
    117 150-1 155-8
아우렐 스타인 86 102 166
아프라하트 154
안-나시 164
안-나잠 164
알렉산더 대왕 25
알렉산더(철학자) 154
알-마수디 77 165
알-마아문 164
알베리 99
알-비루니 26 37 44-5 50 66 72 74-6 80-1
    113 116 165-6
알-아티르 166
알-야쿠비 77 81
알-카사이/알-하사이 30-2
알-카야트 164
알키비아데스 33 35
알-킨디 164
알-하사이 30
알-하자즈 이븐 유수프 161
암모 56-7 63
앗-샤라스타니 47 50 72 147-8 150 166
야즈디기르드 161
에녹 49-50 67 72 79
에보디우스 76

에우세비우스 85 154-5
에프렘 6 9 78 92 150 154 156
에피파니우스 33 36 94 155-6
예수/이사 44
오리게네스 35
요한(단성론자) 160
요한(사도) 68
요한(세자) 45
요한(아시아) 160
요한 형제 54
유스티누스 78 159
유스티니아누스 159-60
율리아 158
율리아누스 154-5 159
와실 이븐 아타 162
외게데이 163 166
이븐 안-나딤 26 28-32 36-7 43 57 63 77
    79 82 91 124 161 164-5
이븐 알-무르타다 50
이븐 알-무카파 162
인나이오스 96 153

자가타이 166
자베드 153
자쿠 96
장시성 166
젤라시우스 1세 89 159
조로아스터/자라다스트 11 44 47 50 60
    68-9 78 93
조스트리아노 68
주에이시 163

치릴루스 155-6
칭기즈칸 163 166

칼리드 이븐 아브달랄-카스리 161
캄비세스 2세 25
쿠스타이 64 73 95 97

크레스코니우스 158
크리스텐센 60
키루스 25
키르디르 60-2 64 153

타티아누스 67
테무진 166
테오나스 153
테오도레투스 9 155-6 159
테오도로스 156
테오도르 바르-코니 12 16 26 31 83-4 94 128 131 135 163
테오도시우스 1세 156-7
테오도시우스 3세 158
토마 7-8 11 37-8 52-3 68 79 99
트라야누스 33
티모테오스 82 96
티투스 155

파우스투스 157-8
파티키오스/파틱/파텍/파티끄 10 27-30 38 41 54 57
페로즈 56
펠리오 82 102 107 117 166
펠릭스 93 158
포르피리오스 68
포티누스 160
포티우스 156 159
폰 러 콕 101
폴로츠키 85 99 156
프리쉬아누스 155
프리쉴리아누스 157
플로티누스 68
필론 119
필립푸스 35

헤게모니우스 154
헤라클레이데스 99

헤라클리아누스 159
헨닝 63 87-8 100-1 125
호노리우스 158
호르미스다스 159
호르미즈드 1세 59-60
호르미즈드 2세 154
호메로스 83
호스로 160
황천 166
히폴리투스 33-4

177

지명 색인

가우카이 63-4
간자크 52
게오르기아 52

나바테아 10 31 37
나세르 52
니시비스 154-5
닙푸르 27

다마스쿠스 49
다스투미산 29 36
다클라 99
데브 52 56
디얄라 강 52 63

라오디케아 155
레브-아르닥시르 54 56
로마/로마 제국 7 11-2 20 33 35 51 55 57 154-60
룩소르 99
뤄양 162-3
리코폴리스 96 154

마그네시아 156
마르디누 25 27
마케도니아 25
메디나 26 160-1
메디나트 마트(이집트 파윰) 157-8
메디아 51-2 56 70
메르브 57
메센 52 54-6 63
메소포타미아 7 25 29-30 32 36 78 82 108 160-1 170

메카 160-1
모술 57
몹수에스티아 156
밀레브 157-8

바벨 25 44
바빌로니아 11 19 25 27 29-30 32 35 51 54-6 62 78 83 93 105 108 124 153 160-1
바이칼 호수 117 162 166
바타이 29-31
발라사군 163 166
베샤부르 153
베-아르닥시르 57
베트-가르마이 57
베트-데라예 63
베트-라파트 63-4
베트-아르바예 57
보스트라(이란) 155
부카라 161

사마르칸트 160-1 165
셀레우키아-크테시폰 52
　　☞ 크테시폰 55 57 63 160-2 167
셀렝가 강 117
소그디아 70 137-45 161-2 168
수사 54 56
수시아나 54 63
시리아 5-9 12 27 31 35 37 61 78 82 94-5 123 128 137 140-6 154 156
시안푸 163
시파르 52

아디아베네 55 57
아라비아 35 57 86

178　지명 색인

아랄 호수 26
아르메니아 52 61 154-5
아바르샤르 57
아제르바이잔 52
아트라/하트라 38
아파메아 33 35
알-마다인 10 28 161-2
알-바스라 30
야트리브/메디나 160
에뎃사 78 156 159
예니세이 강 164
예루살렘 10 28 33 51 155-6
오논 166
오르두 발리크 163-4
오르콘 강 117 163-4
오스르호에 78
옥수스 강 26 160
와시트 30 163
위구르 66 117 162-5 172
요르단 36
요르단 강 35
우르미아 호수 52
유프라테스 강 78
이란 6-7 10 12 25 27-8 33 47 51-2 57 59-61 69-71 86 89-90 97-8 104 155 160-1
이집트 5-7 9-12 19 25-8 57 91 96-7 99 115 153-8
인도 7 11-2 25 44 52-6 68 70
인더스 강 52

자이툰 166
잘룰라 161
장안 162-3
중국 6-7 9 11-2 26-7 66 93 98 111 138-45 152 160-6
중앙 아시아 5-6 12 26 66 87 116 122 160
지중해 20 25

체사레아 154

체사레아-마우리타니아 158
치루스 159

카라-발가순 117
카라-발라사군 163
카라카 다그 산맥 78
카라코룸 163
카스가르 162 165
카스카르 83 153
카스피 해 26
칼케돈 159
케르쿡 57
켈리스 7 9 99
코쵸 125 164
코카서스 52
콜라사르 63
쿠샨 57 63
쿠지스탄 63
쿠타 강 10 25 27-8
크와라즘 26 166
크테시폰 55 57 63 160-2 167

타가스테 155
타르수스 35 51 61 156
타림 162 166
탈라스 162
투란 53 56
투르-아브딘 57 78
투르키스탄 101 161-2 165-6
투르판 5 7 9 67 71 75 88-9 92 100-1 104 125 164 171-2
툰황 5 7 9 98 100 102 162 166
트리어 157
트무이스 155
티그리스 강 52 57

파라트 52
파르스 53 56 153

파르트 57
파르티아 제국 25
파윰 7 9 96-7 99 158
팔레스티나 11 31 34-5 41 45 155-6 170
팔미르 57
페르세폴리스 60
페르시스 56
페르시아 11 25-7 38 44 52 54-5 64 86 154 159 165
푼자브 85

하란 29-31 160
하마단 10 28 63
하부르 강 78
하타 57
호라산 26 47 57 63 161
호르무즈 해협 52
호르미즈드-아르닥시르 63 65
할리카르나소스 159
황하 161-2

문헌 색인

『강론집』 5 50 63-6 68 73 85 93-4 96-7 153
   『강론집 18쪽』 85
   『강론집 25쪽』 85 95
   『강론집 81-3쪽』 153
   『강론집 94쪽』 93-4
『거인』 50 71 87 89-90 93-5 159
『교리 문답집』 12 83 94 163
『교부들의 교리』 159
『교회사』 115 154

『논박서』 33-4

『디아테사론』 67

『마니교 신자들의 관습』 150-1
『마니 교리 반박』 154
『(마니의)「기초서간」논박』 158
『마니교의 신화』 159
『마니교인들에 반대한 신앙』 76
『모디온』 156

『반마니교서』 6 150
『반아디만투스』 158
『반이단 성시』 6
『반파우스투스』 158
『법의략』 50 89 93 95 102 104 107 162
   ☞『마니교 교리 요약』(摩尼光佛敎法儀略卷) 26 85
『베를린 필사본』 91 97
『베마 축일 찬송시』 112 116
『보고』 71 75-7 82 94-5 159
『복음』 71 73-5 77 84-5 94-5 156 159

『복음 준비서』 85
『분다히슨』 61
『비밀에 관한 책』 68-9 80-1
「빛나는 나의 찬송」 100

『사도들에게 보내는 찬송시』 104-5 112
『사도행전』 외경 58 68
「살아 있는 나의 찬송」 100
『샤부라간』 16 25-6 37 43-4 47-8 57 71-4 81 84 90 93 97 128 135
『선의 본성』 76 151
『수트라』 98
『시편』 5 48 91-2 94-5 99-101 125-6
   『시편 46-47』 94
   『시편 47』 95
   『시편 139-140』 94
   『시편 142-143』 50
『신비』 68 71 77 82 93-5 120
『신비론』 78

『아담의 묵시록』 79
『아르다항 위프라스』 86
『아르즈항 마니』 85
『아르켈라우스 행전』 94 131 148 154-7
『아프샤르』 80-1
『알-모그니』 51
『알-밀릴』 47 147
『알-바흐르』 50
『알-아타르』 37 44-5 74
『알-탄비 왈-이샤라프』 77
『알-피흐리스트』 28 30-1 37 43 77 91 161 165
『앗-샤라스타니』 72
『에녹 묵시록』 79
『에녹서』 62 88-90

「오류의 백과사전」 33
「와자르간 아프리완」 100
「요셉의 기도」 78
「육신의 탄생」 27
「우리의 운수」 100-1
「이단자」 104 107

「전설」 12 16 71 82 84 86-7 93-5 98 127-8 135 159 163
「종교론」 84
「중국어 논고」 98
「집회」 98

「찬송시」 100
「천 가지 질문」 162

「카라 발가순의 비문」 117
「케팔라이아」 5 26 48 50 54 87 93-4 97-8 153 170
   제1장 26 37 55-7 73
   제5장 94
   제9장 131
   제39장 81
   제43, 45장 81
   제76장 55 58
   제91장 76
   제121장 29
   제148장 93-4
   제154장 58
「코란」 48
「쿠옷불트데우스를 위해서 쓴 반이단서」 104
「크와스트와네프트」 101
「키탑 알 아타 랄-바키아」 26

「타아리크」 77
「타흐키크」 75 80-1

☞ 「타흐키크 마릴 힌드」 165
「토마 복음」 38 68 79
「토마 행전」 38 53 68
「통합 복음서」 67 106
「티마이오스」 131

「펠릭스 논박」 76 93
「풍부한 빛」 100
「플로티누스의 생애」 68
필사본 5 7 9 27 30 44 54 67 71 75 80 86-9 91-2 96-102 112 125 132 155-7 166 170-1
   더블린 『케팔라이아』 콥트어 필사본 211-2쪽 153
   『쾰른 대학 마니교 필사본』 27 32 38-9 43 48 50 73 75 80 82 96-7 170
   §11-12   36
   §48-59   49
   §48-63   50
   §82   40
   §84-85   40
   §87   41
   §90   41
   §90-91   41
   §93   42
   §96   42
   §97   43
   파르티아어 필사본 단편 50 53 86 100 125
   (M 42)   50
   (M 48)   53
   (M 172)   75
   (M 4575r)   54 56
   펠비Pehlevi어(=중페르시아어) 필사본 단편 86 89 100
   (M 17)   75
   (M 201)   101
   (M 299a)   68
   (M 733)   75
   (M 801)   104 125

(M 5794)　58
　　　(M 17, 733)　75
　소그디아어 필사본 단편　89 100 112 116
　　　(TIID 123)　125

「하부찬」 100
「히스타스페스 묵시록」 69

성서 색인

구약성서
    창세 1-2장　　19
        1-11장　　19
        6,1-2.4　　88
    민수 13,33　　88
    1열왕 17,8-24　　79
    시편 8　　19
        82,6　　88

신약성서
    마태 10,1-2　　106
        10,40　　45
        25,31-46　　48 72-3
    루가 4,25-26　　79
        10,1　　105
    요한 9,21　　41
        14,26　　8 37
    로마 8　　19